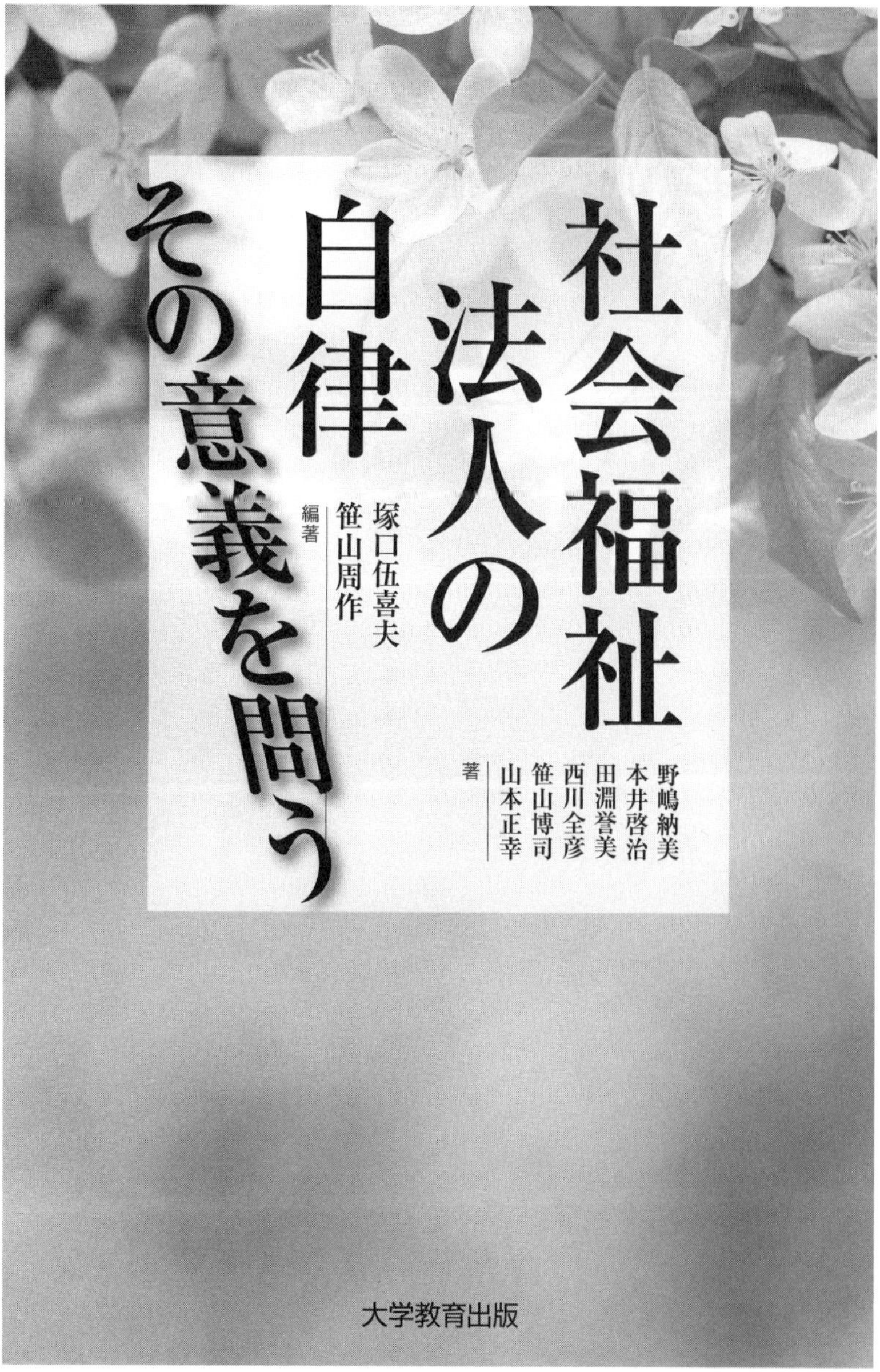

# 社会福祉法人の自律
## その意義を問う

塚口伍喜夫
笹山周作 編著

野嶋納美
本井啓治
田渕誉美
西川全彦
笹山博司
山本正幸 著

大学教育出版

# はじめに

今回の出版のテーマは「社会福祉法人の自律　その意義を問う」とした。社会福祉法人は、戦後の昭和26（1951）年の社会福祉事業法の公布で初めて登場した名称である。それ以前は慈善事業として篤志家による救済・保護事業が行われ、国は、恤救規則（明治7年・1874年）、救護法（昭和4年・1929年）、旧生活保護法（昭和21年・1946年）、新生活保護法（昭和25年・1950年）、と貧民救済に当たってきたが、その救済数は微々たるものであった。その後、児童福祉法（昭和22年・1947年）、身体障害者福祉法（昭和24年・1949年）の福祉3法が整い、さらに、精神薄弱者福祉法（昭和35年・1960年）、老人福祉法（昭和38年・1963年）、母子福祉法（昭和39年・1964年）と整備され、福祉6法時代を迎えた。そして日本の社会福祉事業を体系的に整理した法律として社会福祉事業法がつくられた（昭和26年・1951年）。この法律で慈善事業体のほとんどは社会福祉法人とされ、その運営施設は公の支配を強く受けるものとなり、施設運営の基本財源は措置費という形で支給され、その算定は施設入所者数や職員数により決められた。

しかし、これらの法律に基づく第一線は、慈善事業の流れに沿った理念を掲げ、その運営は国が示す細かなマニュアルに沿ったものでなければならなかった。

社会福祉法人は、その運営する施設を国が示す運営基準に沿って、その運営基準から外れることなく、国から支給される最低基準の措置費は残すことなく使い切る運営方式、いわゆる、指示待ち運営から脱却する必要に迫られる時が来た。

日本経済は、バブルがはじけ低成長期に入る昭和49（1974）年頃より、福祉の見直し論が台頭し始めた。その見直し論の集約は、福祉関係3審議会合同企画分科会による「今後の社会福祉についてのあり方」についての意見具申（平成元年・1990年）であった。そこでの主な内容は次のようなものであった。

第一は、社会福祉の推進主体は国から徐々に地方に移す方向を示唆した。

第二は、施設支援中心から在宅支援へとシフト変更を行うべしとするものであった。

第三は、社会福祉の担い手は、公ではなく民間の力を活用すべき、とする方向の提示。

第四は、利用者負担を応能負担から応益負担に切り替える有料化の推進であった。。

第五は、福祉、医療、保健の総合化を図り支援する方向を提示した。

この方向性の提起をきっかけに、社会福祉構造を「措置」から「契約」に切り替える方向が実行に移された。その代表が、措置による高齢者の介護支援を保険による介護支援に切り替えたことであった。

厚生省の方針転換は急であり、しかも、措置費制度時代の「厚生省の指示通り」運営する方式から、社会福祉法人の自力経営へと転換させ、それがあたかも当然であり、その転換ができないのは努力の欠如と決めつける指導を強めてきた。厚生省のある高官は、「1階が火事になっているのに社会福祉法人は2階でどんちゃん騒ぎをしている」とまで酷評し意識転換を強調した。

社会福祉法人は、その誕生から今日に至るまで、行政側の意向に沿うことを強いられ、自らの判断で運営ないしは経営することを強く抑制されてきたといえる。

慈善事業時代の弱者救済や孤児の保護は慈善事業者、いわゆる篤志家が、自らの判断と決意で進めてきた。今日の価値観から判断すると事業の推進方法は独善的、専制的な手法であったかもしれないが、事業に対する信念・意欲は今日の経営者とは比べるべきもない。この信念・意欲が保護・救済に新たな道を切り開く開拓性を生み出し、その開拓性が今日の社会福祉事業の礎となったと思う。

社会福祉事業は、個人の思いや価値観で行われるものではなく、公平で公益性を担保された公共的事業の一つであることには違いないが、その事業推進を通してさらに進歩を目指す発展性の芽は育てなくてはならないだろう。その芽は、民間の社会福祉法人の自由闊達な発想や試みの中から生まれてくると考えられる。公的な社会福祉機関、施設からは開拓的な試みや実験的な試行は決して生まれてこない。

国や都道府県行政には「2階でどんちゃん騒ぎ」と酷評した言葉をそのままお返ししたい。恤救規則、救護法、生活保護行政に見られる国民に対する目線、社会福祉法人をはじめ民間社会福祉事業者への対応姿勢、対応方法を変えなくてはならないだろう。その変化は戦後変わることなく今日に至っている。そのことに厚労省も都道府県も気づいていない。だから、社会福祉法人に対する「社会福祉充実計画」なる陳腐な発想が出てくるのである。

社会福祉法人が、その本領を発揮するためには、まず、自律が前提になくては話にならない。今回は、執筆者に、その自律に触れる持論を展開していただくことにした。

編著者　塚口伍喜夫

社会福祉法人の自律　その意義を問う

# 目次

第1章

# 社会福祉法人の自律を目指すための論点提示

【編者コメント】

社会福祉法人は、非営利の民間組織体である。その行う事業は、本来国がその責任で執行しなければならない国民生活への支援であり、時には国民の保護である。裏返せば、国民の生存権や幸福追求権を保障する重要な役割を担った事業といえる。それだからこそ、行政と密接に関わり合いながらの公平・公正な、しかも透明性のある事業推進が絶対条件である。その反面、民間組織体としての開拓的・実験的試みがなければ、事業内容の進歩・発展は望むことすらできない。そのための条件は法人の自律である。自律に深くかかわる論点を提示してみた。

# 1　社会福祉基礎構造改革までの変遷

## （1）保護救済の前史

社会福祉法人は、昭和26（1951）年に社会福祉事業法で初めて規定された公益法人である。そもそも、社会福祉法人の原型は、近世に入って行われてきた慈善事業にある。この慈善事業の対象は、鰥《かん》寡《か》孤《こ》独《どく》の救済を源流とする。鰥寡孤独は、日本の古代国家（574～622年）における聖徳太子の四ケ院開設の時代、具体的には、悲田院＝（貧窮者、孤児の救済）、療病院（貧窮描写救済）、施薬院（貧窮病者への施薬）、敬田院（仏教的教化事業）の開設である。この当時、救済の対象として令義解の戸令に規定された救済対象である。すなわち、

鰥とは、61歳以上で妻なし
寡とは、50歳以上で夫なし
孤とは、16歳以下で父なし
独とは、61歳以上で子なしといったものであった。

こうした救済対象は、中世、封建時代にあっても大きく変わることはなかったが、救済実態は荘園や藩などによってバラバラであった。しかし、中世から封建時代にかけて、僧侶による困窮者保護、非人救済、囚人保護などが行われてきた。

近世（明治以降は）に入って、孤児救済、老病者保護、遊女保護など多方面にわたる窮民の保護救済は篤志家による慈善事業を中心としながらも、政府としてもその救済に乗り出さざるを得ない社会状況が生まれてきた。以下、簡潔にふれてみる。

明治2（1869）年に版籍奉還、その2年後の明治4（1871）年に廃藩置県が行われ、わが国は「近代化」への一歩を踏み出した。この近代化とは、武士階級が解体し上級武士は企業主に、下級武士は身分的特権が解体され労働者階級、無産階級に転落した。

農民も田畑の地租改正から金納となり、不作、凶作、滞納などから土地を失い小作農民や出稼ぎ、日雇い階級に陥った。

一般商工業者も「紙幣改革」などにより、物価騰貴・変動の中で窮乏化した。

こうした社会状況を背景に、政府は明治7（1874）年恤救規則を制定し貧民救済に乗り出した。しかし、恤救規則の根本理念は、「無告の窮民」を資本蓄積の阻害者と位置付け、救済方法は「人民相互の情誼」を根本に置いた。

（註）ＮＨＫの大河ドラマ「青天を衝け」に、人民救済に辛苦した渋沢栄一が登場するが、渋沢栄一は、日本にお

ける慈善事業の組織化を図り、明治41（1908）年中央慈善協会を設立した。この中央慈善協会が今日の全国社会福祉協議会の原点といわれている。

恤救規則では、膨大な貧民救済には追い付かず、昭和4（1929）年救護法を制定した。救護法の中身は、「65歳以上の老衰者」「13歳以下の幼者」「妊産婦」「不具廃失者」「傷病者」「心身障害者」で養育者のいない者とした。政府は、これらの国民を対象に、生活扶助、医療扶助、助産扶助、生業扶助などを行った。

恤救規則での救済者数は1万8118人（昭和6年）に対し、救護法での救済者数は15万7564人（昭和7年）と言われている。

明治期以降の政府の救済は、国民の窮乏を救うというよりは、貧民を放置すると社会不安を惹起する恐れがあり、これを食い止める意図が大きかったと考えられる。

それに反して、慈善事業の本旨は、国民の窮乏を救い、または予防し、すべての国民が一定水準の生活を維持できるようにすることが、近代国家の責務であり、それこそが国力ではないかと考えていた。

### （2）第二次大戦後の保護救済（GHQの救済4原則）

昭和20（1945）年8月、第二次世界大戦は終了したが、日本は失業者と飢餓民で溢れた。特に、戦災孤児（12万3504人／1947年2月調査）は悲惨を極めた。

こうした惨状にGHQ（連合国軍総司令部）は昭和21（1946）年、日本に社会救済4原則、すなわち、貧窮した国民救済には、「無差別平等」「国家責任」「公私分離」「救済総額に制限を設けない」を貫くことを求めた。

この社会救済4原則は、日本国憲法が昭和21（1946）年11月に公布されたが、この憲法にも反映された。

### （3）日本国憲法第89条規定をどう認識するか

日本国憲法第89条規定では、

公金その他の公の財産は、宗教上の組織若しくは団体の使用、便益若しくは維持のため、または公の支配に属しない慈善、教育若しくは博愛の事業に対し、これを支出し、またはその利用に供してはならない、とした。

日本の民主化政策を占領の主要政策としたGHQが、慈善事業に公金を支出することを否定したのである。戦前・戦中を通して鰥寡孤独の貧民に救済の手を差し伸べてきたのは篤志家であり宗教家であった。これへの公金支出を条件付きながら憲法において否定した意図は何であったか、はなはだ疑問である。考えられる意図は次のようなものではなかったか。すなわち、一つには、一部篤志家や宗教家にゆだねられてきた救済を公の責任において遂行すべし、という意図ではなかったか。二つには、「公の支配に属しない」慈善または博愛の事業という条件は、言い換えれば、公の支配に属した慈善・博愛の事業であればよろしい、ということである。三つには、公の支配に属しない慈善・博愛の事業は、別途資金調達の道を開拓せよ、という意図ではなかったか。

### （4）慈善事業は公の支配下に入った

ＧＨＱが提示した社会救済４原則の意図からみると、本来慈善事業として篤志家や宗教家におんぶさせてきた貧民救済は、国の責任において行うべきだとする主旨だと思える。しかし、公の責任で行われてきた施策は、実効性の薄いものであった。その代表的な一つが、明治７（１８７４）年制定の恤救規則であった。その対象は無告の窮民（物言わぬ貧民）であり、救済方法は「人民相互の情誼」を根本とした。この恤救規則での救済者数は昭和６（１９３１）年時点で１万８１１８人と記録されている。

その後制定された救護法（昭和４年・１９２９）はその対象を、

①65歳以上の老衰者
②13歳以下の幼者
③傷病者
④心身障害者

上記の4種に分け、これらに対して生活扶助、医療扶助、助産扶助、生業扶助を行った。その救済者数は、昭和7（1932）年の時点で15万7564人と記録されている。

いずれにしても、恤救規則、救護法での救済者は微々たるものであった。その背景には、無告の窮民は「憐れむべきもの」であり、「資本蓄積の阻害者」と位置付けた。また、救護法の対象は、その多くが細民であった。細民とは、定まった職を持ち生活は維持できているが「裏店住まい」で貧民と大差ない生活状態の民であった。明治35（1902）年の東京の人口は130万人であったが、その3分の2は細民であったといわれている。

GHQは、こうした日本の貧民救済の状態を把握したうえで、これからの貧民救済における国の責任を明確にしようとしたのではないかと推測できる。

多くの慈善事業は、国（公）の強い支配を受けながらそれぞれの事業を継続させていく道を選ばざるを得なかった。これが第一の道である。そしてGHQは国に対してもう一つの道を準備した。それが、共同募金（Community chest）システムの導入である。共同募金は、民間から資金を集め、民間の社会事業体に配分するシステムである。共同募金は、昭和22（1947）年に早々と発足した。その発足にはGHQが直接指導に当たった様子がうかがえる。例えば、兵庫県の共同募金会の発足、それ以降の諸会議にはGHQ担当者が列席している写真がある。

GHQは、このように、憲法で禁止した慈善事業、並びに博愛事業への公費支出の禁止による弊害を埋めるため、以上の二つの道を早々に準備し実行に移した。

慈善事業の推進体は「社会福祉法人」とするよう導き、それを昭和26（1951）年に社会福祉事業法で定めたのである。

### (5) 措置費制度の制定と社会福祉法人への支配

社会福祉事業法で規定した社会福祉法人が、慈善事業・博愛事業の新たな装いとなり、事業の推進は、国の強い支配下の下で事業を進めることとなった。では、その事業推進経費はどうなったかというと、国からの措置費の支給で賄うことになり、その措置費の使途は細かいマニュアルに沿って実行することになる。ここに社会福祉法人の位置づけと役割が明確となった。

一方、民間資金調達装置として発足した共同募金は、当初は日赤募金と共同で進められたが、その後、この両者は分離する。共同募金は、兵庫県で見ると、昭和22（１９４７）年度には５０００万円の目標を掲げ、実績は３６７２万円であった。昭和23（１９４８）年度は日赤と共同で６０００万円の目標額を設定し（共募目標額４８００万円、日赤目標額１２００万円）、５４４９万円の実績を収めた。この実績額は、当時の兵庫県民生部予算を凌ぐ額だと評価された。これらの実績額は、それぞれの民間社会事業体の活動費として配分された。

社会福祉法人は、国の強い支配を受けることを条件に、必要経費を措置費の仕組みで支給されたが、その額は十分なものとは言えなかった。その不足分を補ったのが共同募金配分金であった。

この体制での社会福祉は、社会福祉の基礎構造改革による新たな出発となる平成12（２０００）年まで続く。実に、半世紀にわたって日本の社会福祉事業は措置費制度の下で運営されてきたのである。

## 2　社会福祉基礎構造改革と社会福祉法人の立ち位置 ― 社会福祉基礎構造改革は何を狙ったのかその結果は ―

### （1）社会福祉の基礎構造改革

社会福祉の基礎構造改革は、平成元（1989）年3月30日の福祉関係3審議会合同企画分科会（座長　山田雄三）の意見具申「今後の社会福祉のありかたについて」を実質的な出発点として始まった。

この意見具申の基本的な考えは、

①市町村の役割重視
②在宅福祉の充実
③民間福祉サービスの健全育成
④福祉と保健・医療の連携強化・総合化
⑤福祉の担い手の養成と確保
⑥サービスの総合化・効率化を図ることであった。

その他、社会福祉の範囲の見直し、福祉サービスの供給主体の在り方、在宅福祉と施設福祉の連携強化、などを内容とした。

この意見具申から始まった社会福祉の基礎構造改革は、今日に至るも大きな課題を残しただけで、実効を見たものは少ない。最大の課題をいくつか列挙してみると、

市町村の役割重視で措置権や社会福祉法人に対する許認可権が付与されたが、市町村の財政負担が増し、結果的に国民が受ける福祉サービスに地域格差が生じたこと。

在宅福祉の充実では、市町村に地域福祉計画の策定を義務化したが、後のフォロー体制がおろそかになったことで、計画そのものが埃を被っているところが多い。そして何よりも、市町村域における地域福祉は「共助で進める」風潮が強まり、ボランティア活動や老老支援に頼り切って、行政は「金は出さず、口は出す」行司役に収まった感が強い。

福祉の担い手の養成と確保では、福祉現場の人手不足はいっそう進行し、そのために、100人定員の特養が介護職員不足のため50人しか利用していない事例などが現れている。そして何よりも社会福祉・介護福祉系の大学・専門学校に学生が集まらず、閉校したり、学部を閉じたりしている。これは需給原理でそうなっているのではなく、福祉や介護分野は待遇が悪く「結婚もできない職場」といった風評が、そうならしめている最大の要因である。

結局、「基礎構造改革」と鳴り物入りで始まった騒動も、介護保険導入の前奏曲だったのではないかと思えてくる。

## (2) 社会福祉事業法から社会福祉法へ

基礎構造改革の一つの終結点として、昭和26(1951)年以降、半世紀近くも手を入れなかった社会福祉事業法が社会福祉法と変わり、ほんの少し内容も「充実」した。

まず、社会福祉法人の定義付けである。

社会福祉事業法では、社会福祉法人の定義を、第22条で、この法律において「社会福祉法人」とは、「社会福祉事業を行うことを目的として、この法律の定めるところにより設立された法人をいう」と規定しているに過ぎない。

福祉事業の提供については、社会福祉事業法第60条で最低基準を示し、その最低基準の遵守をもって処遇を果たすものとした。

第60条　厚生大臣は、社会福祉施設の規模及び構造並びに被援護者等に対する処遇の方法について、必要とされる基準を定めなければならない。

2．社会福祉施設の設置者は、前項の基準を遵守しなければならない。

と規定した。この基準とは、措置費を算定する基準であり、この基準は要援護者に対する最低限の処遇基準である。施設設置者は、この基準額を余すところなく使い切らなければならないとした。

社会福祉法では、定義は社会福祉事業法と同じであるが、社会福祉事業法にはなかった経営の原則を新たに加えた。すなわち、社会福祉法第24条で次のように謳っている。

「社会福祉法人は、社会福祉事業の主たる担い手としてふさわしい事業を確実、効果的かつ適正に行うため、自主的にその経営基盤の強化を図るとともに、その提供する福祉サービスの質の向上及び事業経営の透明性の確保を図らなければならない」と。

### (3) 社会福祉法人は自律できるのか

この社会福祉法第24条の条文は、社会福祉法人自体が措置費体制（行政処分体制）の下で運営されていた従来の行政依存から自立して、自ら自主的に「経営基盤の強化を図れ」と、さらに、その「事業経営は透明性を確保する」ことを求めた。これらの規定は、社会福祉法人が進むべき方向を指し示したものである。

①社会福祉法人側の意識改革は遅れたまま

では、肝心の社会福祉法人側は、この進むべき方向、いわゆる、自立への方向を正しく理解しているのだろうか、はなはだ心もとない限りである。社会福祉法人は、長期にわたって措置費体制の下で、行政の指示のままに運営してきた歴史的経過からみても、「依存から自立へ」という意識の切り替えはすんなりといくものではない。業界団体も、この意識の変革を促すような動きは鈍い。

社会福祉法人側の意識改革の鈍さは、提供しているサービスの改革にも鈍く、提供体制の改善にも消極的である、といえないか。

②行政の社会福祉法人に対する対応も変化なし

社会福祉法人側の反応の鈍さは、行政側の社会福祉法人に対する対応にも変化は見られない。いくつかを提起してみたい。

◆定款準則は、例示ではなく、そのまま適用せよ

社会福祉法人設立時の申請要件として定款にどんなことを記載しなければならないかを社会福祉法第31条に規定している。

厚労省は、定款を作成するに際し、事細かな指示を定款準則で示し、その準則通り作成しないと認可しない、という事実。ゆえに、社会福祉法人の定款は、全国どこの法人も同じ顔の定款である。

ここで問題にしたいのは、厚労省はこうした細かな指示を出し、その通りにさせることで全国の社会福祉法人を支配している、という構図を作りたいのである。これを、最初に認めさせることで、社会福祉法人への支配権を拡大させようとするのである。

◆常態化する社会福祉法人　施設についての監査

社会福祉法人並びにその法人が経営する施設に対する監査は法的根拠があるのか問いたい。

社会福祉法第56条では「厚労大臣または都道府県知事若しくは指定都市若しくは中核都市の長は、法令に基づいてする行政庁の処分及び定款が遵守されているかどうかを確かめるため必要があると認めたときは、社会福祉法人からその業務又は会計の状況に関し、報告を徴し、又は当該職員に社会福祉法人の業務及び財産の状況を検査させることができる」と、定款が遵

守されているかどうかに疑義が生じたときに検査させることができる、という規定である。

また、同法第70条では、「都道府県知事は、この法律の目的を達成するため、社会福祉事業を経営する者に対し、必要と認める事項の報告を求め、又は当該職員をして施設、帳簿、書類等を検査し、その他の事業経営の状況を調査させることができる」としている。

社会福祉法人及び施設に対する検査、及び調査と通常監督行政庁が行っている「指導監査」とどこが違うのか判然としない。何よりも、適正に経営されている法人や施設への検査・調査が「指導監査」の名目で常態化していることは問題である。

一つは、法人監査についてである。法人監査がなされる根拠は、定款が遵守されているかどうかに疑義が生じた場合に限られるのである。これの確認は誰がどのようにするのか明確でない。筆者が今までに見てきた限りでは、職員からの内部告発か、サービス利用者からの苦情などから疑義が持たれる場合が多い。役員からの告発は希少である。

兵庫県で起きた保育所経営を主とした社会福祉法人「夢工房」の経営不正の問題を一つの事例としてみてみると、次のような問題が明白となった。すなわち、理事長実母・義母の架空勤務、理事長の娘の家具、家電購入代金の保育所備品としての不法処理などが発覚した。こうしたことは、姫路市による定期監査やその後の特別監査で徐々に明らかになったが、急成長を遂げた事業拡大に理事会は形骸化し、監事も表面だけの「監査」で事を済ませた。結果、当時の役員はその管理責任を問われ一新された。

この事件のように、監督行政庁の監査で不正が発覚したが、結果は、理事長一族の責任（刑事責任を含む）は問われたが、理事・監事の責任は、道義的責任を含めて、不問とされ、辞任させられただけである。

この不正問題を調査した第三者委員会は、当時の理事・監事についても言及している。すなわち、「理事、理事会には、代表権のある理事長の専横を食い止める責任が課せられており、法人の運営に関する規則の制定及び変更の議決について権限が与えられているにもかかわらず、（中略）何等の抑止力を発揮することができず、理事会の責任は免れない」と指弾している。

こうした事件は、ごく一部の社会福祉法人が起こしたことであるが、監督官庁はこうした不正を一般化して、どの社会福祉法人でも起こりえる可能性があると判断して監査を常態化させることである。

◆会計監査人配置と監督行政庁の監査

経営規模が大きい社会福祉法人は、会計監査人を配置して、専門的立場から財務監査を行ってきている。筆者も、会計監査人を配置している社会福祉法人の理事長を務めていたが、会計監査人及び法人監事がつぶさに監査したものを監督行政庁がもう一度監査をし直す必要性はまったくないと考える。しかも、監督行政庁の監査担当者は社会福祉法人の会計原理さえもわきまえていない場合が多い。こんな無駄も廃してほしいものだ。

◆社会福祉充実計画とは何か

社会福祉充実計画とは社会福祉法人の現在の資産・負債－（社会福祉法に基づく事業に活用している不動産等）＋再生産に必要な財産＋必要な運転資金）＝社会福祉充実残額という方程式である。この充実残額なるものは、法人が、それこそ経営努力で得たお金である。このお金を充実残額と称して、しかも、社会福祉法第59条で毎会計年度終了後に計算書類、事業報告、監査報告、役員名簿・報酬等の支給を記載した書類などを届け出なければならないとし、社会福祉法施行規則第6条の15では充実計画の記載事項まで指示している。しかも、充実計画なるものは監督行政庁の承認を得なければならない。

厚労省は、社会福祉法人の事業推進をまったく信用していないことは、この一事を見ても明らかである。

仮にこの「社会福祉充実計画」なるものをもって残余財産を使って社会貢献しなさい、ということであっても、もっと社会福祉法人側の自主性、主体性を認めたものにすべきであろう。江戸時代の農政は「胡麻の油と百姓は、絞れば絞るほど出るものなり」と百姓に過酷なものであったが、今の厚労省の思想は、江戸時代の百姓に対する思想と本質的には何ら変わるところはない。これでは、社会福祉法人は、いつまでたっても自律などできそうもない。

### （4）社会福祉法人の財産は誰のもの

次に、社会福祉法人の財産権について考えてみたい。

①社会福祉法人の財産は、基本財産と運用財産に区分される。さらに詳しく説明すると、基本財産は、貸借対照表において固定資産の「基本財産」として会計上取り扱われる。基本財産は、法人の定款において基本財産と定められたものをいい、法人存立の基礎となるものをいう。この基本財産の処分、担保にする場合は監督官庁の承認を必要とする。

②基本財産のうち、経営する施設に供した土地、建物の一部などは、その法人の設立者が寄付

したものである。社会福祉法人が他の法人と合併または解散した時には、設立者が出資した基本財産部分は出資者に帰ってこない。このことが、法人の解散または他の法人との合併がスムーズにいかない要因となっている。

③兵庫県社会福祉協議会が平成6（1994）年3月に発表した「社会福祉法人改革の展望」では、この問題について次のように提案している。

社会福祉法人の解散、合併については、社会福祉事業法第44条以下に定めるところとなっている。社会福祉法人の経営基盤を強化する方法としては、複数の法人が合併し、複数施設の経営にあたることが考えられる。しかし、現行制度の下では、このような社会福祉法人のリストラに対する制度的な裏付けが乏しいように思われる。適切な後継者が見つからず法人の解散を検討している場合にも、最終的に残余財産が国庫に帰属することに躊躇してしまう例も少なくない。これらのことを考えると、福祉事業の経営に熱意を持てなくなった法人経営者に対して引退の機会を保障することが、最終的には利用者及び地域の住民にとっても有益であると考える。社会福祉施設の整備には、整備費の4分の3に対して公費助成が図られている。しかし、土地などの基本財産部分については、創設者個々人が財産を寄付するということで形成されているのが一般的である。この部分を含めて全額国庫に帰属するという解散手続きを見直すことで、法人のリストラが進むものと期待できる。そこで新たに「法人基本財産保全機構（仮称）」を設けて、この「法人基本財産保全機構（仮称）」が解散を希望する法人から残余財産を引き受ける仕組みが考えられる。そこで、かかる法人役員に対して帰属財産に応じた支払いを行うことができるものとする。さらに、こうして「法人基本財産保全機構（仮称）」に帰属した財産が「法人基本財産保全機構（仮称）」を通じて他の社会福祉法人に適正な価格で譲渡されるならば、新たな社会福祉事業の展開にも寄与することができる。

この提案の趣旨が生かされた動きは、今日に至るも実現していないし、社会福祉法人経営者協議会においても論議の俎上に上がっていない現実は残念である。

④国庫帰属の方途は資本主義の原理から逸脱している

法人の基本財産をはじめとした残余財産が最終的に国庫に帰属するという考えは、資本主義原理からみても逸脱した考えであり仕組みである。この考えは、「人質」支配ではないかと考える。昭和26（１９５１）年の社会福祉事業法公布以来、社会福祉の基礎構造改革を経て、社会福祉法に至る今日まで延々と踏襲されているこの仕組みの一日も早い改善が望まれる。

## （5）監督官庁による規制とは何か

社会福祉法人の自律と最も大きく関わるのが監督官庁による規制である。この規制は、社会福祉法人の事業経営がその法人の定款から逸脱している場合に限るのではないか。この場合は、「待った」が掛かるのは当然のこととして理解する。それ以外の、新たな試みや、実験的、ないしは開拓的なチャレンジに対しては、むやみな規制を掛けるべきではないと考える。

一つの例を挙げてみる。筆者が役員を務める特養では、入所者がベッドからずり落ちて負傷するケースがよく発生する。そこで、ベッド上での動きを把握するために居室にカメラを設置しようと姫路市に相談すると、「プライバシーを侵害するおそれあり」として許可されなかった。一方、神戸市でも特養を経営しているので、同じことを神戸市に相談すると、神戸市は事故を未然に防ぐためならばＯＫということになった。その後、神戸市の特養ではベッドからのずり落ち事故は激減したが、姫路市では介護職員が最善の注意をしながらも事故は横ばいである。

ここで問題にしたいのは、むやみな「プライバシー侵害」はあってはならないが、ずり落ち事故を防止するために、奮闘している特養の介護者に実情を聞くなり、話し合いをもって双方が納得できる結論を出すべきだと考える。監督官庁の、しかも一係員の一方的な価値観を施設に押し付け、「一件落着」と済ますやり方は、今日に通用させてはならないと考えるが、如何だろうか。

①社会福祉法人の先駆的、実験的試みをむやみに規制するな

社会福祉法人は、その経営の原則を社会福祉法第24条で規定している。すなわち、「社会福祉事業の主たる担い手としてふさわしい事業を確実、効果的かつ適正に行う」ことを勧めている。ここでの、効果的とは何か、そのサービス・支援が効果的であるためには、普段の工夫と創意ある試みが必要である。この創意・工夫がないとサービス・支援の質は向上しないのではないか。

将来、サービスの質を高めるため、社会福祉法人がＩＴやＡＩの創造的活用を図ろうとすると、監督官庁は必ず規制を掛けてくることが予想される。監督官庁が、この新たな試みの芽を摘むことがあってはならないと考える。

②社会福祉法人の自主的な経営基盤の強化の努力に水を差すな

平成29（２０１７）年に、厚労省は社会福祉充実残額という訳の分からない仕組みを社会福祉法人に押し付けた。この仕組みは、社会福祉法人会計上もなじまないし、最も許せないの

は、社会福祉法人が経営努力で蓄財し、将来の施設の建て替え、メンテナンス費用に充てようとしているのを、強制的に地域貢献に吐き出させようとするものである。江戸時代の農政にみる「胡麻の油と百姓は絞れば絞るほど出るものなり」と同根の「社会福祉法人は絞れば絞るほど『金』は出るものなり」、の論理ではないか。

2021年3月現在、コロナ禍で社会福祉法人が経営する、特に、在宅の要介護者を支援する事業所が軒並み経営難に陥り事業所の閉鎖などが起きている。この窮状に厚労省は何の支援も行っていない。

### (6) 社会福祉法人の開拓的取り組みこそ閉塞状況を破る

社会福祉法人は、公的な福祉事業ないしは介護福祉事業と密接にかかわりながら社会福祉事業の大半を担っている。だから、社会福祉法人は公的サービス機関かというと、そうではない。位置づけとしては、慈善事業を源流とするれっきとした民間組織である。民間社会福祉事業がその特質を発揮するためには、いくつかの条件が前提となる。

その一つが、民間組織として自律ができることである。社会福祉法人は、建前としては、その法人の最高議決機関である評議員会で重要事項を決議し、その決議された事項を執行する理事会が十分に機能すれば、それは自律である。自らの法人の方針や方向を自らの議決あるいは執行機関で決め、推進できていれば立派な自律である。

ところが、行政機関は、法人の歩む方向やその掲げる方針に細かく干渉してくる。それが監査であったり厚労省の通知の押し付けであったりする。行政機関は社会福祉法人の自律を認めたくないのである。最近の具体例でいうと、社会福祉充実計画の押し付けである。仮に残余財産を地域福祉に活かすとするならば、行政機関は「大綱」を提示し、その大綱を参考に各法人が自由に決めるようにすればよいのであるが、行政機関は、ご丁寧にその計画の承認を得るようにと指図するのである。これは法人の自律に対する著しい侵害である。

その二つが、法人側が評議員や理事に有能な人材を配置する努力をすることである。先に不正事件を起こした一つの事例として社会福祉法人夢工房を紹介したが、この夢工房問題が起きた背景には、この法人の理事・監事に就任していたのが理事長の近しい友人たちであったことである。一人ひとりの理事・監事は兵庫県内の社会福祉法人経営者の中でも優秀な人材であるが、友人である理事長に問題を指摘する、あるいは苦言を呈することができなかったと思える。社会福祉法人間の役員はお互いにもたれあう関係にある場合が多いが、それがまた一方では弱点になっていることを自覚しなければならないのではないかと考える。そこで本題に入ると、

①研究・開発事業に力を入れる

民間組織の最大の特質は、社会福祉・介護福祉の今後の在り方を研究し、新たなサービス方法を開発することである。

そのためには、社会福祉法人が自らの研究機関を設置し研究開発を進めることを勧めたい。単独で難しい場合は、複数の法人や大学等と連携して行う道もある。研究開発を進めることで超高齢社会によりふさわしい社会福祉・介護福祉サービスが創造できるのではなかろうか。

②介護福祉士など第一線専門ワーカーの養成を自らの手で行う

今、現場を担う専門ワーカーが社会福祉・介護福祉のどの分野においても不足している。大学や専門学校の学部や学科を閉鎖する、または縮小する動きが強い。そうした動きは私立の大学・専門学校である。この閉鎖・縮小は学生が集まらないからである。学生が集まらないということは社会福祉ないしは介護福祉分野に就職する意思が希薄だということである。この件で付言すると、社会福祉ないしは介護福祉学を国立大学は1校も開設していないし、今後も開設する動きはない。

社会福祉法人で倒産したところは僅少である。今のような人手不足が続くと倒産や解散するところも多く出てくる可能性も否定できないが、コロナ禍での倒産は聞かない。また、今日では、経営者の努力で福利厚生も充実し「安定した職場」といえるが、それでも人材は逼迫したままである。

社会福祉や介護福祉で働く人材の養成は社会福祉法人側からみると第三者に委ねていることになる。この養成を第三者である養成校からの供給ばかりを待っていても埒が明かない。それならば、社会福祉法人側で養成機関を設け、独自の資格基準の人材を養成したらどうかと考える。

こうした新たな試みは、社会福祉充実残額といわれるものを自主的に充当すればよい。

【参考文献】

西尾祐吾・塚口伍喜夫編著『社会福祉の動向と課題』２００２／中央法規
小坂善治郎・塚口吾喜夫他編著『社会福祉法人の今日的使命』２０１４／リベルタス・クレオ
塚口伍喜夫監修、笹山周作他編著『福祉施設経営革新』２０１４／大学教育出版

# 第2章
# 監督官庁の監査と社会福祉法人の自律

【編者コメント】

本章の筆者は、元兵庫県民生部の幹部職員であった。県庁退職後、請われて社会福祉法人の経営に参画し、時には法人の危機的状況を乗り切る手腕も発揮した。その後、社会福祉法人経営を支援するＮＰＯ法人を立ち上げ、多面的な活動を主導している。こうした経験と、深い知見から発せられる提言は重い。

## 1　社会福祉法人の存立根拠

社会福祉法人は、昭和26（1951）年公布の社会福祉事業法の規定に基づき、社会福祉事業を行うことを目的に所轄庁の許可を受けて設立された法人（第22条）で、社会福祉事業法は運営準則（第5条）で、

①国及び地方公共団体は、法律により帰せられた責任を他の社会福祉事業を経営する者に転嫁し、又はこれらの者の財政的援助を求めないこと。

②国及び地方公共団体は、他の社会福祉事業を経営する者に対し、その自主性を重んじ、不当な関与を行わないこと。

③社会福祉法人を経営する者は、不当に国及び地方公共団体の財政的、管理的援助を仰がないこと。

④国及び地方公共団体は、その経営する社会福祉事業について、要援護者等に関する収容その他の措置を他の社会福祉事業を経営する者に委託することを妨げるものではない、

とし、その措置を担保する基準として、国は社会福祉施設の設備の規模及び構造並びに被援護者等に対する処遇の方法について必要とされる最低の基準を定めなければならない。また、社会福祉施設の設置者は、その基準を遵守しなければならないとした（社会福祉事業法第60条施設の最低基準）。

これら社会福祉法人の存立の根拠は、第二次世界大戦に大敗し、戦争により養護者を亡くして孤児となった児童の養護対策、戦争により連れ合いを亡くした婦人の保護対策、戦地で息子等を亡くした高齢者の養護対策や戦争の被害者となった戦傷病者の救済等の事業をGHQ（連合国軍総司令部）の強い占領統治下で、従来（戦前）の篤志家や宗教家による慈善事業から新憲法の理念を実現する社会福祉事業を国の強い支配の下で力強く推進するための器（組織）づくりであったとも言える。

このため国の強い支配下で社会福祉事業を推進する母体となる社会福祉法人には所轄庁による認可制とし、法人の設立に強いハードルを課すため法令や関係通知に基づく法令審査基準の遵守状況を確認する社会福祉法人設立認可基準（厚生省社会局長・児童家庭局長）を設けた。それとともに、社会福祉法人は公共性の強い事業を行う推進母体であることから法人自らの不断の運営努力を求めながらも、社会福祉法人は国や地方公共団体にかわり児童、高齢者等の要援護者を収容保護する公共性の強い事業を行う運営主体となることを位置付けた。このことから社会福祉法人指導監査要綱（厚生省社会局長・児童家庭局長通知）を制定し、社会福祉事業法等関係法令、通知による法人運営、事業運営について指導監査を行うこととした。また、社会福祉法人は、その非営利性・公共性に鑑みて、運営に当たって強い公的規制を受ける一方で、固定資産税、法人税等の税制優遇措置や施設整備補助金、社会福祉施設職員等退職手当共済法に基づく補助金の交付を受けてきた。ただし、社会福祉施設職員等退職手当共済事業に係る公的助成については介護保険における民間とのイコールフッティングの観点から、介護保険制度の対象となる高齢者関係の施設、事業及び保育所、障害者総合支援法等に関する施設・事業の公的助成については、他の経営主体とのイコールフッティングの観点から、平成18（2006）年4月以降廃止されている。

以上のように社会福祉法人の所轄庁である国・地方公共団体は社会福祉法人が有する「非営利性・公共性」に鑑み、法人に求める経営の自主性は名ばかりで法人の自主性を妨げる「指導監査」の名のもとに措置費時代の法人運営・事業運営にこだわり、些細なことまでの指摘をくり返し、法人経営の自主努力を妨げ、法人の自主的な経営努力を否定し、社会福祉法人の自律性を妨げてきた。

筆者は、地方公共団体に勤務した経験を有するが、その当時、社会福祉法人に対する指導監査を専門的かつ効率的に担当する組織を設けるべく検討を重ねたが、指導と監査の「けじめ」ができないとして断念した苦い思いがある。指導と監査のけじめは現在でも大変むずかしい問題であると思っている。

社会福祉法人の指導監査は、先の「社会福祉法人等の一部を改正する法律」及び「社会福祉法人の認可について」の一部改正等による関係法令・通知を受けて制定された「社会福祉法人指導監査要綱」が定めているように、法人の自主性、自律性を尊重し、法令、関係通知に定められた法人として遵守すべき事項について運営実態の確認を行い、適切な法人運営を助長するものであってほしいと願っている。

## 2　監督官庁の社会福祉法人に対する「指導」姿勢

監督官庁である所轄庁の社会福祉法人に対する指導姿勢は、第2次世界大戦の終了によって悲惨を極めた救貧対策や孤児の養護対策をはじめとする救済対策を国の総力を挙げて取り組む必要があったことから従前の慈善事業から、憲法第25条第1項「すべての国民は、健康で文化的な最低限度の生活を営む権利を有する」、憲法第25条第2項「国は、すべての生活部面について、社会福祉、社会保障及び公衆衛生の向上及び増進に努めなければならない」とした理念に沿うものとした。社会福祉・社会保障を推進するために国や地方公共団体が行う要援護者等に関する収容その他の福祉事業を実施する組織体（法人）として社会福祉法人が位置付けられた。

そして関係法令、関係通知等では遵守すべき事項の運営実態の確認を行うこと。とりわけ、国、地方公共団体に代わって福祉事業を運営（受託）する法人として受託費（措置費）が適正に執行されているかの確認行為に追われ、法人や職員が創意工夫を重ねて実施する自主事業についていては法令、関係通知に違反する事業として否定し、法人の自主的、主体的な経営を尊重するとしながらも数字のチェック等の些細な指摘をくり返し、法人の自主的運営、自主的な事業展開の芽を摘み、法人の自律を損なってきたといえる。

今日の社会福祉法人は、国、地方公共団体に代わって福祉事業を運営（受託）する法人として、受託費（措置費）の適正執行が要請されていた時代から、平成12（２０００）年4月の介護保険法の施行に伴って、社会福祉法人は、自ら経営基盤を確立し、将来にわたって事業を継続する、自主的な法人経営が強く要請されるようになっている。

このように法人の自主的経営を尊重する今日の指導監査を担当・主管する組織は専門性の高い人材を配置し、毎年度法人から提出される業務報告書類の内容等から課題や問題の改善に繋がる指導であって欲しいと願っている。いつの時代であっても組織を支えるのは思いやりの心をもって一人ひとりが支え合う連帯の心で難局を乗り切っていく組織力だと思う。

事業を拡大し組織を拡充する場合は多大な資金力と一致団結する組織力が必要になるが、経営者が自分の身内や特定の一部のもののみを優遇し、心ある多くの職員が阻害されていく、そんな法人経営が助長されるような指導ではあってはならないと思っている。

監督官庁の社会福祉法人に対する指導監督は、法人の継続的な事業運営を維持し助長させるもので、そのために法人が自主的に講じている措置、例えば自主的な会計監査人の設置や地域の福祉ニーズに基づく地域支援事業など法人が創意工夫していることが評価される指導監査であって欲しい。

また、今後、新型コロナウイルスの抗体を造るワクチン接種が進み、拡大を続けているコロナ禍が終息に向かう頃には、固定資産税、法人税等の税制優遇措置や施設整備費補助金などの公的助成が国・地方公共団体の財政的事情からもその存続が危惧されるが、その時には所轄庁による設立認可、認可後の運営事項確認などの課題を強く押し付けてくるのではないかと思えてならない。

言い換えると社会福祉法人の一般化、自然淘汰、統合化が進んでいくように思える。そんな時代であっても、社会福祉法人が公共性、非営利性の強い部門を担当する法人として継続的な事業展開がはかられ、経営基盤を確立していくことが重要になっていくと考えている。

少子高齢化社会の進展や国、地方公共団体の財政悪化等今後想定される社会経済環境の下で、社会福祉法人が継続して安定した経営基盤を確立し、法人の自律性を高めていくことである。そのためには、従前の監督官庁による指導監査に依存するのではなく、関係法令に基づき認可を受けた利用者入所事業や在宅関連事業を適切に運営することはもちろんのこと、高齢者単独世帯や一人暮らし老人等の見回りや緊急的援護措置など地域が必要とする援護事業など、地域社会との連携の下に追求する存在であることが、社会福祉法人の「自律性」を高めることになると考える。

## 3　社会福祉法人と監督官庁の通達・通知

### (1)　指導監査の方針

ＧＨＱ（連合国軍総司令部）の強い占領統治の下で制定・施行された日本国憲法89条は、「公金その他の公の財産は、宗教上の組織若しくは団体の使用、便益若しくは維持のため、又は公の支配に属しない慈善、教育若しくは博愛の事業に対し、これを支出し、またはその利用に供してはならない」とした。これは公の支配のもとでの公金を支出させるための手段として社会福祉事業法を制定し、慈善、博愛の事業の推進組織体として社会福祉法人を設立し、国や地方公共団体に代わり児童、高齢者等の要援護者を収容保護する事業をきめ細かく適切に処理させるために通達、通知を発出し、国による強い支配力の下で社会福祉事業を推進するための特別法人として社会福祉法人制度を設けた。社会福祉法人を所轄庁による許可制とし、その設立に高いハードルを課すとともに設立した社会福祉法人には非営利性、公共性の強い福祉事業を行う特別法人としてその運営が適正に執行されているかの状況確認を行うため多くの通知、通達を発し、社会福祉法人を所轄庁による指導監査のもとに国、地方公共団体の強い管理下に置いた。

このため、社会福祉法人に対する指導監査は、実施主体としての適否を判断する設立認可（社会福祉法第31条）と設立以降の適正な運営状況を判断するための法人指導監査（社会福祉法第56条）、そのための指導通知（社会福祉法人指導監査要綱）が発出されてきた。

また、社会福祉法人の認可及び法人監査とは別に、社会福祉法人が経営する施設や事業所に対する認可と指導監査（社会福祉法第62条、69条）のほか、特別養護老人ホーム等に対する老人福祉法第18条に基づく指導監査や指定老人福祉施設、介護老人保健施設等に対する介護保険法（第23条、24条他）並びに保育所等に対する児童福祉法（第46条、59条）、指定障害者支援施設等に対する障害者総合支援法など個別法に基づく指導監査（施設監査）があり、それを実施するために介護保険施設等の指導監査通知や、障害者支援施設等に係る監査指導通知等が発出されている。

なお、平成18（２００６）年10月23日に施行された「介護保険施設等の指導監査について（平成18年10月23日付老発第１０２３００１号）」において、「指導」と「監査」の役割を規定し、「指導」においては、利用者の自立支援及び尊厳の保持を念頭におき、「監査」は利用者からの情報等から介護サービス事業者の指定基準違反や不正請求等が疑われるとき、その確認及び行政上の措置が必要であると認める場合に、介護保険法第5章の規定に定められた権限を行使する「監査」と区分している。

## (2) 指導監査の実態と課題

第2次世界大戦により緊急的援護が必要とされた人々に対する支援は待ったなしの対応が求められた。戦後の社会福祉事業は国、地方公共団体がその責任において行うべきことを明らかにした。そして、国、地方公共団体に代わるものとして社会福祉法人が設置された。この社会福祉法人に対する指導監査は、社会福祉事業法(昭和26年法律第45号、第56条第1項の規定)では法人の自主性及び自律性を尊重し、法令や通知等に定められた法人として遵守すべき事項について運営実態の確認を行うことによって、適正な法人運営と社会福祉事業の健全な経営の確保を図ることとした。

なお、監査は、指導監査ガイドラインに基づき、定款、内部管理体制、理事・評議員の選任、評議員の招集、運営、決算手続きなど詳細に行われてきた。

しかし、その実施方法は形式的で、かつ、法人の自主性・自律性を尊重して実施されていたとは言いがたい面が多く見受けられた。

今日も、社会福祉法人は大小様々で、その運営状況も法令・通知等を遵守し自主的な経営基盤の強化や福祉サービスの質の向上に努めながら社会福祉事業の担い手としての効率性や公益性を大切にしている法人や、ひたすら事業拡大を続けながら、法令・関係通知や公益法人として自主性を無視した運営をしている法人など様々である。

社会福祉法人に対する指導監査は、法人設立後の運営が定款や法令等の遵守状況と事業効果や目的の達成状況について確認し、必要な場合は是正勧告など適正な運営と健全な経営を助長することを目的に実施されているものと考えている。

だとするならば、今日の社会福祉法人に対する指導監査は、社会福祉法人に関する情報が福祉サービスの利用を希望する者に確実に届いているか、そのために法人や施設サービス内容、提供の方法などの情報を積極的に公表しているか。さらに、福祉サービスを利用する者が法人の不祥事等による経営破綻等により福祉サービスの利用に影響を与えるようなことが未然に防止されているか、などについて法人の自主性、自律性を尊重した健全な経営になっているかどうかを指導するものであって欲しいと願っている。

筆者の経験でもオーナー経営者が法人資金と組織を度外視した事業展開から重大な法令に違反した施設建設などを行い、地域や行政に多大な迷惑を与え、法人の存続が危ぶまれる重大な事態を一部の役員と職員の努力によって脱した苦い経験がある。

また、社会福祉法人は、公益性、自主性の観点から経営組織のガバナンスや事業経営の透明性が強くもとめられている法人でありながら、一部法人役員と事業運営の透明性に関わる業務に携わる者が特殊な取引関係にあるにもかかわらず見逃されている場合もあるようだ。

社会福祉法人に対する指導監査は、毎年度報告をもとめている業務報告による遵守状況の確認と定期的に実施されている一般監査により社会福祉法人の適正な運営と社会福祉事業の健全な経営を助長することを目的に実施されているものであれば、法人の経験豊かな職員を指導、啓発できる監査指導担当者に専門的な人材を配置し、法人の指導監査に当たっては、社会福祉法人の公益性、自律性を高め法人の自律性を助長する監査指導であって欲しいと願っている。また、法人監査と施設監査は連携した一体的なもので、時には同時監査の実施なども必要だと考えている。

所轄庁の指導監査は、戦前の民間主導の慈善、救済の事業から、特別に設置された社会福祉法人のこれまでの長い経営経験を活かし、自らが経営基盤を確立し、地域の福祉ニーズに直結した独自の地域貢献事業を実施する法人であって欲しいと願っている。

## 4　監督官庁の監査とは

### (1) 法人監査について

社会福祉法人の指導監査は、前節でみてきたように我が国が第2次世界大戦後GHQ(連合国軍総司令部)の強い指導の下で、これまでの慈善、博愛の事業から新たな理念に基づく社会福祉事業を進めることとした。そして、国、地方公共団体に代わって社会福祉事業を行う組織体として社会福祉法人制度を設けた。この社会福祉法人が(社会福祉法第31条)審査基準や定款、社会福祉法人指導監査要綱に基づき適正に執行運営されているか、その遵守状況を確認するため監査(法人監査)が行われている。

### (2) 施設監査について

所轄庁の監査には、社会福祉法第56条に基づく法人監査と社会福祉法人が経営する施設や事業所に対する認可及び監査、社会福祉法第62条(第一種社会福祉事業)、第69条(第2種社会福祉事業)、第70条(施設、帳簿、書類等の検査や事業経営の状況調査)並びに養護老人ホーム、特別養護老人ホーム等の老人福祉施設等に対する監査や指定介護老人福祉施設、介護老人保健施設等に対する監査等個別法に基づく監査(施設監査)がある。

なお、施設監査には、それぞれの法律に基づき介護保険施設等に対しては「介護保険施設等の指導監査要綱（平成18年10月23日、老発第1023001号）」、老人福祉法では老人福祉施設等に対する「老人福祉施設に係る指導監査要綱（平成12年5月12日、老発第481号）」等それぞれの法律に基づく監査指導要綱が発出されている。

施設監査要綱では、適切な入所者処遇の確保、社会福祉施設運営の適正な実施の確保、また、指定障害者福祉サービス事業者等の指導監査要綱では、指定居宅介護事業者は、利用者または障害児の保護者の意思及び人格を尊重して、常に当該利用者または障害児の保護者の立場に立った指定居宅介護の提供に努めているかなどの基本方針、人員に関する基準、設備、運営に関する基準等監査の実施事項を明示し、それに基づいた指導監査が行われている。

介護保険施設等の指導監査要綱では、「指導」と「監査」の役割を規定し、「指導」においては、利用者の自立支援及び尊厳の保持を念頭におき、「監査」は利用者からの情報等から介護サービス事業者の指定基準違反や不正請求等が疑われるとき、その確認及び行政上の措置が必要であると認める場合に、介護保険法第5章の規定に定められた権限を行使する「監査」と区分している。

## (3) 指導監査の意義について

前述の社会福祉法人指導監査要綱(平成29年4月27日厚生労働省雇用等・児童家庭局長、社会援護局長、老健局長通知)によると、指導監査は一般監査と特別監査とし、一般監査は法人の運営について、法令及び通知等に照らし、特に大きな問題等はなく、また、法人が運営する施設、事業についても、施設基準、運営費並びに報酬請求等について大きな問題が認められないときは一般監査の周期を3年に1回とするとしている。

また、投書等の情報提供があり、運営に重大な問題や不祥事のある場合等においては、特別監査が実施され、社会福祉法第71条及び第72条に基づく業務停止命令等の措置が行われることになっている。

問題は監査の方法である。法人監査、施設監査にしてもそれぞれの監査要綱に監査事項を示し、それに基づいて指導監査が実施されているが、その方法が形式的で、法人の自主性や創造性を否定するような監査が多いと指摘する声が法人関係者から出ている。所轄庁の指導監査は法人の自主性、創造性、公益性を高めるものでなければならないと考えている。また、通常の監査で、運営上重大な問題や不祥事の発生など特別監査の対象となるような事案が把握できる専門性の高い人材の配置が望まれる。

さらに、監査は法人の自主性、創造性を高め、福祉サービス利用者の健全な養育を助長するなど社会福祉事業の発展に寄与するものでなければならないと考えている。

## 5 「指導」監査は何を意味するか

社会福祉法人制度が誕生して70年近くが経過する現在も社会福祉法人の非営利性、公益性を助長する目的をもって社会福祉法人の指導と監査が実施されている。社会福祉法人自らも非営利性、公益性を追求し、法人の自主性、創造性を大切にしながら経営を継続する努力を重ね、法人を成長させていく責務があり、今後とも所轄庁による指導監査を尊重しながら、自ら経営基盤を確立し、将来にわたって継続的に事業を展開し、自らが成長していく努力が必要だと考えている。

また、3年に1回とされる通常の法人指導監査であっても社会福祉法に基づく指導監査と個別法に基づく施設監査を所轄庁が相互に連携し、同時に指導・監査を実施するなど指導監査の実を上げるものであって欲しい。

また、社会福祉法に基づき会計監査人（社会福祉法第36条第2項及び法第37条）を設置している法人については、会計管理に関する監査事項を省略すること。理事会、評議員会運営上の問題や介護職員等の働きやすい環境の整備や職員のモチベーションを上げる処遇の問題や入所者等福祉サービス利用者の処遇問題、介護報酬等の請求問題、さらには施設、事業所の配置人員の遵守状況などについて社会福祉法人等事業者側と積極的に意見交換を重ね、法人運営、施設・事業所の向上に繋げ、社会福祉事業の健全な発展に寄与するものでなければならないと考えている。

## 6　会計監査人の配置と監督官庁の財務監査、社会福祉法人はどちらを重視するのか

社会福祉法人は、非営利性、公益性が高い法人であることから社会福祉法は、社会福祉法人に経営状況を公表し、透明性を発揮していくことを求めている。このため、法令や社会福祉法人審査基準の遵守状況を確認する法人設立認可（社会福祉法第31条）や社会福祉法人指導監査要綱の遵守状況を確認する法人指導監査（社会福祉法第56条）を実施している。

また、毎年度、所轄庁に現況報告及び附属書類として財務諸表による提出を求め必要に応じて指導監査につなげている（社会福祉法第59条）。とりわけ、法人の運営状況、事業の経営状況を表す財務諸表による財務状況、透明性、財務執行の適否の判断は、経営破綻等によりサービス利用に影響を及ぼすこと等から財務諸表による経営判断は重要になってきている。監督官庁においては専門性の高い人材を配置し、指導監査を行っているところもある。

また、法人自ら会計監査人を配置して会計監査報告書に適正意見等が付されている場合においては、一般監査の実施を5年に1回とするなどの措置がとられている。

社会福祉法人が非営利性、公益性の高い法人として経営状況を公表し、透明性を確保していく上で会計監査人の設置と監督官庁による指導監査とどちらを優先させるかについては、会計監査人の設置費用を含めて非常に難しい問題であるが、社会福祉法人は経営の透明性を積極的に確保していくことが求められていること等からは、その必要度は高い。

また、監督官庁は経営状況の公表が経営破綻等による福祉サービス利用に影響を及ばさないためには毎年度法人から提出させる現況報告、財務諸表を監査に繋げられる専門的な人材を配置するなど指導監査は社会福祉法人の自律を助長させるものでなければならないと考える。

第2次世界大戦後の暗い混沌とした社会に一条の光を当てる存在として誕生した社会福祉法人が、今日まで様々な不祥事を重ねてきた歴史がある。社会福祉法人がそれゆえの非営利性、公益性の強い法人として、社会に経営状況を公表し、経営の透明化を図ることは法人としての責務である以上、地域社会に説明責任を果たし、日常生活上支援を必要とする者に無料または低額な料金で福祉サービスを提供するなど地域社会と共に共存する法人としての在り方を追求する手段として、所轄庁による指導監査を活用し、自らが成長する努力を重ねて欲しいと考えている。

【参考文献】

社会福祉法人指導監査要綱（旧）昭和54年５月16日付け「社庶第57号」厚生省社会局長・児童家庭局長」

社会福祉法人指導監査要綱（新）令和２年９月11日付け雇児発「０４２７第７号・社援発０４２７第１号・老「０４２７第１号」厚生労働省雇用均等・児童家庭局長、社会援護局長及び老健局長通知」

平成18年10月23日（老発第１０２３００１号介護保険施設等の指導監査について（各都道府県知事・各市町村長・各特別区区長あて厚生労働省老健局長通知）

平成19年４月26日（障発第０４２６００３号）障害者支援施設等に係る指導監査について（各都道府県知事・各指定都市市長・各中核都市市長あて厚生労働省社会・援護局障害保健福祉部長通知）

社会福祉事業法の施行について　昭和26年６月４日発社第56号都道府県知事宛厚生事務次官通知

社会福祉法人指導監査要綱の制定について　昭和54年５月16日社庶第57号都道府県知事宛厚生省社会局長・児童家庭局長通知

社会福祉法人の認可について（通知）平成12年12月１日障企第59号／社援企第35号／老計第52号／児企第33号各都道府県・各指定都市・各中核都市宛厚生労働省関係課長通知

# 第3章
# 社会福祉法人が背負っている諸問題とそれへの対応

【編者コメント】

本章の筆者は、高齢者に多様な介護サービスを提供する社会福祉法人の経営者である。一方では、営利法人でも同様のサービスを提供している。現今では、非営利である社会福祉法人のこれからの方向について苦悩している経営者の一人でもある。何に悩んでいるか、それは本章に提起されている。特に、社会福祉法人の自律との関係で観ていただきたい。

社会福祉法人の経営を始めて今年で25年（平成8（1996）年10月1日開設）が経過した。介護保険法の成立時から施行時のあわただしい状況の時は、筆者は40才代前半だった。措置から契約に変わり、これから先に新しい介護の未来が開けて介護施設の経営者は希望に満ちていた。あれから25年が経過して今日の状況を考えると希望はなく、昔の措置制度に戻った感じがする。なぜなら、規制が一段と増えたからである。いまから10年経過すると団塊の世代が80代前半になり今よりもっと多くの人が介護サービスを利用するようになる。その時に介護サービスが必要な人が介護サービスを利用できるかどうか不確かである。役所は近視眼的にものごとを捉えて施策を行っているが、短期に物事を捉えるのではなく長期に物事も捉えなければならないと思っている。当法人の職員もどうかすると物事を短期に捉える傾向にある。物事は長期に捉えてそのためにどのような戦略を考えるかということが経営者にとってとても大切な視点である。10年先、20年先を見据える力が経営者には必要と考える。そして、そのためには今何をしなければならないかということである。

今回、介護における介護福祉職の人手不足について詳しく記載した。加えて、社会福祉充実残額、合併・事業譲渡・社会福祉連携推進法人についても筆者の考えを提起した。人手不足への対応については、筆者の経験をもとに細かく詳しく提示した。なぜなら、これが介護事業経営にとって最も深刻でかつ重要な問題だと捉えているからだ。そして最後に介護の将来について筆者の考えを提起してみた。経営者それぞれが千差万別の方法で介護経営を行っていてどれが正解であるかは軽々に判断できないが、筆者なりに今現在の状況や思っていることを述べた。

## １　人手不足とその対応について

### (1) なぜ人手不足が生じたのか

以前あるテレビ局が、介護の仕事をしていたのでは給料が安く、結婚もできないし、３Ｋ（３Ｋとは「危険」「汚い」「きつい」の頭文字Ｋを表したもの）、４Ｋ（３Ｋに「給料が安い」を追加したもの）であると放映した。それ以後多くのテレビ局で放映され、また、新聞に掲載された。マスコミで大々的にネガティブな報道をされると、社会に与える影響は大きく、介護の人手不足に拍車をかけた。こうした大きな世論の流れに一社会福祉法人で対応できるものではない。こうしたマスコミ報道が介護現場に人手不足を引き起こした大きな要因の一つであったが、その後徐々に人手不足は雪崩のように拡大していった。なぜなら、介護サービスは機械化ができないし、少子高齢化は誰も止めることができない。若い人が介護で働きたいというモチベーションも失われてきた。

## （2）外国人を求めて

人手不足について、これはたいへん深刻な問題になると6～7年前に気づいた。24年間に亘って東京で開催してきた国際社会福祉機器展に筆者は毎年のように参加してきた。介護機器の進歩状況や改良を見てきたがＩＴやカメラ・センサーは毎年のように進歩していたが介護ロボット（人をベットから車イスに移乗させる等）については全然進歩が見られなかった。そして、コミュニケーションについても人に代わる温かみのあるロボットは出てこなかった。しかし、これらの状況は人手不足の問題解消ないしは軽減に役立つものではなかった。そして最終的には、人手不足解消の道は外国人に来てもらう方法しかないという結論に達した。

介護施設を経営しているとよく分かるが、人手不足の状態では絶対に良い介護ができず「人こそが法人の財産である」ことがわかる。役所はＩＴを活用して人手不足の解消に努めると言っているが、それは不可能だと思う。機械化やＩＴの活用は一部（介護全体の10％～20％）では可能であるが、それも限度がある。このことが最も大切であることを介護施設の経営者は分かっていなければならない。

日本の高齢化はこれからますます進む。そして介護は３Ｋ、４Ｋと言われ、コロナ禍においても人気がなく、いつも人手不足の状態。これを解消するための方法は、外国人に介護の仕事を担ってもらう方途が最も現実的な道だと考える。

経済連携協定（以下ＥＰＡ）で平成27（２０１５）年12月にベトナムのハノイに行き介護福祉士候補生の面接をした。次の年（２０１６年）の８月に２名の介護福祉士候補生が国際厚生事業団を通じて当法人に来た。それ以降、毎年約10名が来所し現在は43名のＥＰＡによるベトナム人の介護福祉士候補生が働いている。しかし、今後、姫路には来ないと思われる。なぜなら、姫路市の補助金制度がまったくない（東京都は多額の補助金制度がある）のと、田舎なので姫路と言っても外国人には、わからないからである。

ベトナムの方たちは、仕事についてはよく働いてくれるので問題はないが、会話力が伸びてこないのが少し気がかりである。会話力の問題は特別養護老人ホームでの仕事では、サービス利用高齢者が要介護度３以上であるのであまり内容のこみ入った話し言葉が必要でないことが一つの原因であると考える。もうひとつはベトナム人の同僚が多く、そして友達が日本にたくさん来ているので普段の生活ではベトナム語で会話をしていることが、日本語が上達しない原因と考えられる。しかし、筆者としては日本語の会話力をもっと身につけてほしいと思う。日本語能力検定のＮ２をＥＰＡで来た介護福祉士候補生は取得したがるが、日本語能力検定の試験には日本語の会話や作文がないので、その部分の能力が不足しているのではと思い今後その能力不足部分を克服する学習を、日本語の講師と一緒に進める予定である。

平成27（２０１５）年12月にＥＰＡでベトナムのハノイに行った時に日本からの求人は数

千人あったが、ベトナム人の介護福祉士候補生は180人だった。面接をしたが自分が面接して選んだ候補生が来てくれることはなかった。どの法人に就職を希望するかはベトナム人サイドで決めるからだ。

EPAのシステムで日本に来てもらうのは、これから先大変だと感じ、その時に技能実習生制度で介護人材も来てもらえる制度が新しく日本でできた。その制度を利用して平成29(2017)年1月に協同組合(その時は、協同組合しか外国人の受け入れ監理団体になれなかった)をつくろうと思い兵庫県の姫路、神戸、丹波へ、社会福祉法人ささゆり会理事長と一緒に組合員の募集にまわった。理事長と丹波や神戸市の老人ホームへ外国人の技能実習生の受け入れ組合をつくりたいので組合員になってほしいとパンフレットを持って営業し、そしてEPAで来てもらった人の現状を話し、組合員の募集を行ったが、なかなか参加してもらえず、やっと8法人の参加を得ることができた。そして募集を始め1年5か月(2018年5月25日)後に協同組合の法人認可を受け、その後、技能実習生の受け入れのために監理団体として平成30(2018)年12月11日に認可を受けた。認可の前に送り出し機関との協定書が必要なので2018年8月にベトナムのハノイに行きベトナムの送り出し機関と外国人技能実習事業に関する協定書の契約をしたが、2度、3度と内容の変更を申し出てきたので、筆者はベトナムの送り出し機関に不安を感じ、このような送り出し機関とは長く付き合っていくことができないと

インドネシアでの面接風景

考え、外国事情に詳しく、知人も多い筆者の弟（公認会計士）に連絡してそれから弟の紹介でインドネシアのジャカルタとバンドンに行き現地の送り出し機関を平成31（2019）年1月に見学した。その後、組合員と一緒にジャカルタで3月、7月、11月に技能実習生を面接した。全員で300人ぐらい面接をした。面接してから日本語を約1年間学んで日本語能力検定N4を取得して日本に来る計画となる。面接が先でその後1年間ジャカルタで日本語を勉強し日本語能力検定N4を取得して日本に来るまで約1年以上かかるのにはビックリした。資格は母国で看護師や助産師の資格を持っている人が対象。

法人設立当時（平成8（1996）年開設）、兵庫県社協が主催していた就職フェアの面接会場では筆者のブースに100人以上の学生が列をなして並んでくれたのを思い出す。現在はブースを出展している法人の担当者の方が求人に訪れている学生より多いような状況だ。

（ＥＰＡでベトナムへ行った面接風景、インドネシアでの面接風景は大学教育出版刊行の『日本を棄老国家にするな』の83頁に掲載している、参考までに）

昨年（令和２（２０２０）年2月24日）にインドネシアからの技能実習生15人を、くすのき介護福祉事業協同組合が受け入れ、社会福祉法人ささゆり会にも５人配属となった。第２陣が昨年の４月か５月に来る予定だったがコロナ禍で来ることができず、第２陣は昨年の12月２日にインドネシアのジャカルタより20人が来日し、１か月間の研修の後、令和３（２０２１）年の１月６日に各法人に配属された。ささゆり会は３名の配属となった。現在（２０２１年２月時点）くすのき介護福祉事業協同組合は35名の技能実習生を受け入れ、令和３（２０２１）年の８月迄に全員で66名の受け入れ予定である。そして特定技能者はミャンマーより３月初めに27名の受け入れ予定となっていたが令和３（２０２１）年２月１日のミャンマー軍のクーデターで今後どのようになるのかわからない状況である。

以上が技能実習生の来日の状況である。ほとんどが社会福祉法人で協同組合を立ち上げ、その後協同組合が監理団体として外国人を受け入れる制度が技能実習制度である。介護専門

| | |
|---|---|
| 2015年12月 | ベトナム・ハノイへ　EPA　介護福祉士候補生募集 |
| 2016年8月 | ベトナム人　介護福祉士候補生　2名来日 |
| 2017年1月 | 理事長と協同組合設立の為に組合員募集 |
| 2018年5月 | 協同組合設立（8法人）出資金400万円 |
| 2018年8月 | ベトナム・ハノイ　送り出し機関との外国人技能実習事業に関する協定書 |
| 2018年12月 | 監理組合認可 |
| 2019年1月 | インドネシア・ジャカルタ、バンドンへ送り出し機関見学 |
| 2019年3月 | インドネシア・ジャカルタで技能実習生面接 |
| 2019年7月 | インドネシア・ジャカルタで技能実習生面接 |
| 2019年11月 | インドネシア・ジャカルタで技能実習生面接 |
| 2020年2月 | インドネシアより技能実習生　15名来日 |
| 2021年1月 | インドネシアより技能実習生　20名来日 |

※2017年1月から2021年の1月迄の費用は2500万円掛かった。（主に人件費と家賃）

の受け入れ監理団体をつくって技能実習生を受け入れるのは、日本でもめずらしいと思っている。なぜ協同組合をつくり監理団体をつくって技能実習生を受け入れたかというと、直接海外との契約ができ、送り出し機関の顔が見えるからである。海外とのビジネスは日本でするビジネスと違ってどのように相手を選ぶかで成否が分かれる。会社と会社の契約ではなく個人と個人の関係が重視される。

外国人の受け入れについては4タイプがある。

1つ目はＥＰＡで国際厚生事業団の紹介により受け入れる方法だ

が、これは日本人の職員と同条件であり、その上、国際厚生事業団への支払いや介護福祉士候補生の条件面の要望がたくさんある。例えばベトナムへ帰る費用等は雇用者負担であり、ベトナムへ帰るための長期の休みの希望や日本語の勉強時間を働いた時間に入れてほしいなど。EPAで来日後4年以内に介護福祉士の国家試験に合格しないと以前は母国に帰っていたのだが今は特定技能へ移行して5年間働くことができるようになった。

2つ目は、専門学校を卒業して働く方法。これは専門学校の入学金、学費（2年間）等の費用がかかる（約190万円）。そして正規職員での採用となる（介護福祉士の資格は5年介護をすれば取得となる）。兵庫県社会福祉協議会の奨学金163万円の制度を利用することも可能。この専門学校への支援は、法人の出費が多くなる。

3つ目は、技能実習生の場合。これはパート職員として時間給で働くが、くすのき介護福祉事業協同組合は時間給を組合員で統一（1080円）している。なぜなら外国人労働者は友達同士の情報交換が頻繁で金額に差があると不満がたまるからだ。そんなこともあり、日本人のパート職員より時給を高くしている。それは日曜、祝日も施設のスケジュールに合わせて働くこともあるからだ。そして家賃や電化製品の補助をしているので毎月すべての費用（食材料費、税金、保険、年金、家賃、光熱水費、携帯電話代）を差し引いて母国へ10万円は送れるようにしている。3年経過すれば試験なしで特定技能へ移ることができ、特定技能に移ると、その後5年間日本に滞在できる。

4つ目は特定技能の場合。この制度は平成31（2019）年4月にできた。これは嘱託職員または契約職員としての雇用である。1か月の給料を20万円に設定してそれから家賃、電化製品等を補助しているので、すべての費用を差し引いて11万円を母国に送れるようにしている。ただし5年間のみの滞在ということになる。特定技能は技能実習生と違って役所へ出す書類や受け入れ法人で作る書類等の手続きが簡単なので、これからは介護分野では特定技能で来る外国人が増えてくると筆者は予想している。手続きが簡単ということは、日本の登録支援機関に支払う手数料も少なくなり、本人が受け取る金額が増えるということになる。

以上4つのタイプを紹介したが、概略して一長一短がありそれぞれの法人に合った外国人の受け入れ形態を採用すればよいと筆者は考える。

外国人受け入れでの将来を考えれば、自らが団体、登録支援機関をつくることが最も大切と思える。なぜなら、そうすることで相手国の送り出し機関を選ぶことができるからだ。自分達で監理団体、登録支援機関をつくっておかなければ、今後困る事態が生じてくると考えられる。

このように海外から介護人材に来てもらうのにも手続き等いろいろ大変なのが現状である。技能実習生を安い給料で使用している法人もあると思うが、介護分野においては間違いだと思う。日本人の職員と同一賃金で監理団体、登録支援機関に支払う金額を引いた残りが給料になるように設定しなければならない。そして残業等は一切なしが良いと思う。介護現場は高い日本語能力が必要となり、その条件を備えないと介護現場の戦力にならないからである。より高い日本語能力を備え、介護福祉士の国家試験を取得すると「介護の永住権」が取得できる。この制度は高く評価できると考える。なぜなら外国人の技能実習生、特定技能者のモチベーションが高まるからである。ＥＰＡで来ようが、技能実習生で来ようが特定技能で来ようが、介護福祉士の国家試験を受験して合格すれば「介護の永住権」が取得でき、家族帯同が認められる。そのためには日本語の勉強と介護の勉強を４~５年しなければならないので残業を課すことは無理である。勉強に集中するためには給料が保障されていることが前提条件といえる。安い給料では母国への送金も少なく、ある一定の金額を送金しようと思ったら残業が必要になり

バンドンの日本語学校

残業等をしていたら勉強する時間が取れない。

最初に組合員を募集してから3年目（２０２０年2月）にインドネシアから技能実習生が15人来日となり、令和３（２０２１）年の1月で4年目となり20名が来日となった。全員で35名となり募集当初（２０１７年1月）より家賃や交通費、人件費等で現在（２０２１年2月時点）くすのき介護福祉事業協同組合は２５００万円の銀行借入れとなっている。35名の技能実習生の来日でやっと収支がとんとんとなりこれから31名の技能実習生と27名の特定技能者が来ることに（合計で技能実習生66人、特定技能者27人）よって少しずつ返済ができると思っている。最初は1年か2年で黒字になると思っていたが、初の試みだったので面接してから来日まで時間がかかり、そしてコロナ禍によって家賃と人件費が喘んだ。このように新しいことをするにはうまくいかないことが多々ある。しかし、将来を考えれば人材を確保するルートを持っていないと介護事業に支障がでてくることは間違いないと思う。そして社会福祉法人ささゆり会が監理団体に出資していることは、これから大きなメリットを生み出してくると信じている。

新しい事業をする場合にはリスクを伴うが、新しい試みは基本（基になる）となるところに参入しなければならない。協同組合を作って監理団体も兼ね登録支援機関にもなることは筆者にとっては初めてのことだった。介護施設を経営している人間は、一般的にそのようなことをしようとは思わないのではないか。しかしこれをしていないと、海外との直接の交渉はできないし、海外の送り出し機関や特定技能者とも契約もできない。他力依存では海外からの人材を有利な条件で受け入れることも難しくなる。結局は、慢性的な人手不足に甘んじなければならなくなる。わが社会福祉法人ささゆり会が、今後介護事業を継続していく中で、人材の確保という最も大切なことを叶えることができる道筋をつけたと確信している。

介護は人で成り立っている。人材育成がとても大切である。しかし日本では現在、人手不足の場合、人材派遣会社に高い紹介料を支払って（年棒の25％）採用してもすぐに辞められてしまい、こんな状態では質の高い介護サービスを提供する経営を続けていくことは不可能であると考える。今日のような深刻な人手不足、収益状況の悪さ、依然として改善されない規制の緩和、そのような状態で新しく介護施設をつくろうと誰が思うだろうか。人手不足は介護施設にとって致命傷となる。そしてたとえ外国人に来てもらったとしても全職員の20％ぐらいが限度と判断している。なぜなら緊急時の対応、家族への対応、苦情についての対応等、並びに、日本の文化、習慣等が十分に理解されない状況が予測されるからだ。

今後10年先（２０３１年）の日本の高齢者介護について考えてみると、現在72才前後の団塊の世代が10年先には82才となる。82才で元気なお年寄りもたくさんいるが、人口比率で要介護者の人数を出せば正確に出てくると思う。そして団塊の世代が82才になったその後10年以上にわたって要介護者は減らない。なぜなら団塊の世代以降も後期高齢者の人数が多いからである。増えこそすれ減らない場合に介護サービスはどのようにすればよいかというと、２つの側面から考えなければならないと思う。それは、人手不足の側面ともう１つは入所施設の問題である。人手不足については前述しているが、外国人に介護の仕事をしてもらわなければ日本人のみで介護をすることはできない。５～６年前には、想像もできなかったことが今現実として起こっている。これから10年先にはよりいっそう人手不足は深刻な状況になり、日本人自身が介護の仕事につくことに抵抗がある状態では、日本人介護者を増やすことは無理だと考えている。

もう一つの側面は、新たに介護福祉施設を増やすことができるかという問題である。厚労省は、在宅介護の方向にかじを切ろうとしているが、現状を見るとその本気度を疑わざるを得ない。在宅介護サービス事業者が軒並み深刻な経営難に陥っている。コロナ禍で廃業する事業者も増えている。将来の介護支援は施設支援にシフトしていかざるを得ないが、施設が増設される見通しはまったくない。お先真っ暗である。

（3）生活面のサポート体制について

海外から介護の仕事をするために日本に来てもらっている技能実習生たちには、介護福祉士の資格を取得し永住してもらいたいと考えている。日本語の勉強についてのサポートが3年以上必要だし、介護福祉士国家試験資格取得のサポートも必要である。日本に来てからのサポート体制（4～5年）が整っていなければならない。

技能実習生の逃亡や犯罪がよく新聞等で報道されているが、その根本の問題は日本に来る前に多額の借金を負って来ていることだ。言葉を換えれば、送り出し機関が出国する自国民から多額のお金（裏金）を取っているからである。多額の借金をして日本に来ても安い時給ではその借金を支払うことができないので逃亡や犯罪に走る。なんともやるせない。

日本に来る時に多額の借金を背負いこませる相手国に日本政府はクレームを言わなければならないと思う。自国民を搾取しているシステムは許されるものではないからである。

次に日本の受け入れ監理団体とそこから受け入れる法人の問題がある。できるだけ安く（日本人パートの時間給で）人を使いたいと思う経営者は多い。しかしそれでは外国人の日本に対する感情が悪くなる。日本に来て良かったと思ってもらえるようなシステムでなければならない。そのためには、家賃の補助、電化製品の無料貸し出し、時間給をいくらにすればよいか等を経営者はしっかり考えていかなければ、長く日本に住みたいと思ってもらえるようにはならない。技能実習生を使い捨ての労働者にしてはならない。基本認識が間違っている経営者は、外国人を採用すべきではない。外国人が来てからのサポート体制ができていなければならない。病気の時は、医者に日本人職員が一緒についていく、銀行や役所についても職員が寄り添ってサポートする等のことを受け入れ法人はしなければならない。日本語の勉強も3年以上必要なので、それのサポートも必要である。介護施設で3年勤務すれば、介護福祉士の受験資格ができるので、ぜひ、介護福祉士の資格を取得し、「介護の永住権」で家族帯同で日本に住んでもらいたいと考えている。介護の場合は、特にコミュニケーション能力と介護の専門用語、介護技術が必要とされるので、長期間のサポート体制が求められる。基本的な考え方は、

インドネシア人との食事会

外国人技能実習生も日本に来て良かった、受け入れ法人も外国人実習生を採用して良かったというふうにならなければならない。

アパートを借りるのも社員寮に住むのも一人部屋（個室）でなければならない。２DKの場合も１人6～7畳の個室が必要だと思う。なぜなら勉強するためには個室が適しているからだ。本国で日本語の勉強をしていた時は一部屋に4～5人一緒に住んでいたと思われるが、日本では一人部屋（個室）で勉強ができる環境が必要だと考える。それと住まいから働く場所までは自転車で20分以内が良いと思う。公共交通機関の利用なら30～40分以内が適切。働く場所と住まいとの間に距離があると勉強時間が少なくなる。毎日2時間から3時間コンスタントに勉強ができなければならない。食事については近くにスーパーがあるのが良いと思う。ゴミ出しや近所の人とのあいさつもきちんとするように母国語で書かれた冊子を渡してオリエンテーションを到着日の翌日にする。初日の２時間は法人の理念や就業規則を教える。

そして法人で電化製品を買い揃え（ワンルームなら約20万円）無料で貸し出しを行う。日常生活用品（鍋、箸、洗剤等）は本人負担として（約２万）前もって法人が買い、給料をもらうようになってから５か月～６か月分割で支払うようにしている。万が一お金が不足した場合は金銭消費貸借契約書を作ってお金を貸し、利息は無利息で６か月～10か月の間に少しずつ返済してもらうようにしている。イスラム教の人にはお祈りの場所の確保も必要。４平方メートルぐらいの仕切りがあれば問題ないと思われる。そしてお祈りは仕事時間中は控えてもらい、食事の時にしてもらっている。

## （４）勉強のサポートについて

勉強のサポートについては、最初に日本語の勉強を教える。現在２名の日本語専門の講師にきてもらっている。費用は法人負担。組合員である法人がいろいろな離れた場所にあるので、遠くの法人の技能実習生には、Ｚｏｏｍを使用して教えている。週３時間を１コマとして勉強する。クラスは、日本語能力に沿って分ける。これは、日本語能力検定に沿った分け方

介護福祉士資格取得のための授業風景

ではなく、こちらで本人の実力に沿った分け方をしている。そのため海外から来た時に一斉に日本語テストをしてクラス分けを行い、もちろん、日本語能力検定の資格は大切であるが、これからは会話についても教える予定である。なぜなら、介護はコミュニケーション能力がとても大切であるから。そして日本語の講師と密に連絡をとって日本語の授業から介護福祉士の国家試験に繋がるような勉強方法も採っている。N4で来た人は1年後にはN3、2年後にはN2を取得しその後介護福祉士の受験勉強をする。介護福祉士の勉強は2年間教えることを基本にしている。1年目は介護Ⅰでオリジナルテキスト（2冊が1セット）を作っているのでそれを使って勉強する。1年で2冊のテキストを勉強する。毎週テスト範囲を決めて20問のテストとテキストの解説を行う。3時間を1コマとして週1回勉強する。次の年は介護Ⅱとなり、これは介護福祉士に合格するための勉強である。3月からスタートし12月末で終わる。10か月で約40回以上教え40回以上テストもする。その間にテキスト2回転し、125問の本番のテストと同じ形式で5回～6回する。10か月で1800問以上解くことになり、介護Ⅱは現在筆者が担当している。テキストは介護Ⅰと同じテキスト。毎週土曜日朝8時～12時まで4時間勉強する。今年はEPAで来ているベトナム人11人が介護福祉士国家試験を受験し10人が合格した。

このように生活面のサポートと勉強面のサポート体制がきちんとしていないと日本に来て働いただけでは永住権も取得できないし、これから将来について明るい希望が生まれないと感じている。

## 2　介護福祉施設の新たな建設について

現在福祉施設の経営者は人手不足のために新しい施設を建設しようと考えていないと思う。人手不足が解消したら新たな施設を建設するかというと、それもなかなか難しいのではと考える。施設建設のための資金があるかということ。3割の法人が赤字で残り7割の法人で黒字と言われているが、黒字についてもわずかばかりの黒字ではないだろうか。人件費は毎年のように上がっているし、コロナ禍において収入は打撃を受けているので積極的に投資をするかというと、経営者の給料、退職金にしばられ、社会福祉充実残額があるとそれをとやかく言われ行政の許可をもらって新しい事業をしなければならない。そのような状況で借金までして新しく施設をつくって頑張ろうという意欲はなくなるのではないかと推測する。

・新しく施設をつくるのには、人、金、モチベーション（意欲）のこの3つが揃わないとできないと考える。

団塊の世代が介護施設に多く入居してくるのは10年後と考えられる。そしてその後この状況が長く続いていく。それは、2年〜3年の話ではなく、20年〜30年と続いていくので、施設の建設ができないとなればどのようにして要介護3・4・5の人の介護をしていけばよいのか。目先の対応だけでなく、行政は将来のことを考えた長期計画を示してもらいたいと考える。

もっと大きく経済的側面のみから老人介護を見ればどうなるのだろうか。

要介護者の初期の段階（要支援1・2、要介護1）の場合は在宅が最も適していると考える。

在宅で生活ができる間は在宅で生活してもらってそれから重度になれば施設への入居になる。しかし利用者が、在宅が一番で施設への入所は絶対しないということになれば、デイサービス、ヘルパー、小規模多機能型居宅介護事業所等を利用して在宅で生活することになる。国の施策としては、小規模多機能を勧めたいと考えているようだが、本人の希望と家族の希望とを調整して、どれぐらいの比率の高齢者が在宅で生活したいのか、または施設で生活したいのかを計算できる基礎調査は必要だ。それを基盤とした介護施策の建設が望まれる。これは地方都市と大都市でも違い、地域によっても違ってくる。そして施設に入所した場合の家族は、その後どのようにしているかということも検証しなければと考える。いろいろな種類のデータが出てくると思われる。以前と違ってビッグデータでの解析はたやすくできるようになったので、今後これを活用してその地域における介護サービスの方向を決めていくのもおもしろいと思う。将来については誰も解らないところがあるが、年齢と人口はほとんど正確に出るのでそれの活用が望まれる。介護職についても同じである。介護職がいつ何人ぐらい不足するのかをデータに示して私たち経営者に提示することが必要であると思う。国の施策は20年先の長期展望が見えないので、行き当たりばったりで、それに振り回された20年間だったといえる。

今後はもっと大きな視野に立ち介護に要する国民負担の問題、高齢者の要望、一人ひとりの家族の気持ち、介護人材の問題などを考え、国がしなければならないこと、介護経営者がしなければならないことなどを20年先を見据えて検討しなければならない時にきている。

## 3　社会福祉充実残額について

人口動態は、99%正確に出る。人口動態から割り出せばいつ、どこで、何（介護サービス等）がどれくらい必要か、そして介護に携わる人が何人必要かは、ほとんど正確に出る。経済の予測は大変難しく毎年当たった試しがないが、人口動態と介護サービスについては、99%の予測が可能だと考える。政府はこの数字を表に出して今後の介護保険財政の数字も表に出して、皆で論じていけば良いと考える。

今後の社会福祉法人について考えると、平成29（２０１７）年の社会福祉法の改正によって一番大きな問題は社会福祉充実残額という制度を設けたこと。これは日本経済新聞の平成23（２０１１）年7月7日、平成28（２０１６）年3月28日にキャノングローバルの松本氏の論文を掲載した内容が影響し、その後この内容があたかも正しいかのごとく喧伝され、それを厚生労働省やその他の役所が支持し、社会福祉法を改正し社会福祉充実残額がある法人はそれを役所や地域住民の許可を得て地域貢献事業等を行っていかなければならないという法律を作った。筆者は会計について素人で勉強したこともないが、この掲載された内容の中に、減価償却については社会福祉法人と株式会社とは違うのにそれについて一切触れていないし、まったく職種の違う民間の株式会社のトヨタと比較したり社会還元度数というわけのわからない新しい言葉を作って説明したりしている。そして残っている預金のみについて論じている間違った新聞記事を支持して社会福祉充実残額のシステムを取り入れたのは、社会福祉法人会計制度からして間違いであると思う。もし社会福祉充実残額が多額で多数の法人にあるのなら介護報酬を下げればよいのであって社会福祉充実残高制度をつくりそれをどのように使用するかを役所に決めてもらう必要はないと考える。民間の社会福祉法人経営の範囲内のことまで役所がとやかくいうのは間違いである。なぜなら、民間の社会福祉法人が赤字になった時にはその法人の自己責任である。よって利益を出したからといってそれの使い道をとやかく言われる所以はない。

この制度は社会福祉法人の経営者のモチベーションを下げる制度である。モチベーションを上げようと思ったら、法人の経営は法人経営者にまかせておけばよい。経営とは大変難しいと思っている。経営の方法は千差万別。お金のこと、職員のこと、設備のこと、地域とのこと数えたらきりがないほど多種多様のことを行わなければならない。今回の新型コロナ禍の中、施設でクラスターが起こっている法人がどのようにすればよいか役所か保健所に問い合わせても保健所の指示に従って下さいとしか言えない状況。そして経済的なサポートがどこまでできるか疑問だ。今回のコロナ禍において行政はすべての飲食店、観光業を救済することはできないと確信をもって言える。最後はすべて自己責任だからである。

この社会福祉充実残額の制度の最大の欠点は、社会福祉法人の経営の内容まで行政が踏み込んで来たことだ。社会福祉法人は公的機関の付属物ではない。最後は経営者が責任を取らなければならない独立した法人である。令和2（2020）年2月から新型コロナウイルスの件で飲食店や観光業等が大変大きなダメージを受けた。政府はいくらか補償しているがそれでももちこたえられない事業所がたくさん出てくる。令和3（2021）年の夏にかけて倒産件数が増えるのは間違いないと思える。政府もこの飲食店等をすべて救うことは不可能だ。令和元（2019）年は大企業が儲けすぎで保留しているお金に税金を掛けようとの話がテレビ、新聞で取り上げられたが、新型コロナウイルス以降一切そんな話を聞いたことがない。政府がすることと、民間に任せれば良いことの線引きをきちんとしていないというのが日本の行政ではないかと思う。

社会福祉充実残額の使用方法を決めるのは、役所がすべきことではない。それは社会福祉法人に任せておけばよいことだ。そのかわり赤字になったとしてもそれは社会福祉法人の経営

ミャンマーとのZOOMでの面接風景

者が責任を取ればよいと考える。そしてもともとこのような社会福祉充実残額を使用する、という仕組みは社会福祉法人会計制度になじまないものと考える。

このように社会、経済は毎年のように世界中が大きく変動している。ずっと同じ状態はありえない。経営者はそれに対処していかなければならない。筆者は常日頃、国家でも倒産する、しかし国民は生活していかなければならないと職員に話している。今から約50年前にソビエト連邦へ仕事の関係で行ったことがある。この強大で屈強のソビエト連邦が崩壊すると誰が思っただろうか。しかし崩壊は一瞬の出来事だ。このように将来については、ことの大小を問わず不確定要素がたくさんある。それに対処するのが経営者であると考える。今回の新型コロナの件は世界の人の働き方まで変えた。インドネシアへ一昨年は4回も出張し一人ひとり面接を300人以上して66人選んだが、令和2（2020）年8月からはミャンマーに一度も行くことなくZOOMで80人ほど面接し27人採用し、令和3（2021）年3月に来日予定である。しかし、これも2021年2月1日の軍事クーデターで今後どうなるかわからない。これが現実である。もうすぐ来ると思って社員寮の建設等を昨年8月から進めて今年の2月に完成したが、先行き不透明だ。このように明日のことは誰にもわからない。このように働き方まで変わる状況が生まれているときになぜ社会福祉充実残額という制度をつくり人手不足のリスク拡大を社会福祉法人に負わせるのか理解ができない。

## 4　社会福祉法人の合併、事業譲渡・社会福祉連携推進法人について

これから国は社会福祉法人の合併、事業譲渡、社会福祉連携推進法人を進めていこうとしている。なぜかというと介護施設経営の社会福祉法人には赤字の法人が約3割ある。そして小規模の社会福祉法人が多いので、それを監督するのが大変だということと、介護報酬を下げるためという思いからこれらを進めていこうと考えていると推測する。ここで最大のハードルは社会福祉法人の理事長等の経営者が合併、事業譲渡、社会福祉連携推進法人を進めていく気持ちが湧いてくるかということである。社会福祉法人の経営者は補助金の交付等国から頂けるも

のはすべて頂くのが当たり前と思っていたが、自らリスクをとって何かをなしとげることは好まないのではないか、と思える。合併するにも譲渡するにも社会福祉連携推進法人の社員になるにもそれをすることによって明確なメリットがなければ関心を持たないと推測する。一国一城の主として社会福祉法人を経営してきたので合併や連携推進法人の社員となって今後事業の発展に寄与しようとする考えはないと思われる。互いの社会福祉法人を合併して新しい社会福祉法人を作ろうという考えは湧いてこない。最後にはどうなるかというと、新たに建て替える財力もなく赤字がふくらんだ状態となり、どこかの法人に吸収合併してもらいたいと思っても合併先が見つからない。合併するには合併するメリットがなければならない。合併するメリットはスケールメリット、人、物（土地、建物、設備）、金、技術、既得権等といえる。何かこの中でメリットがあれば、互いに合併するための動機となり得るのが、このどれもがない場合には合併の動機が湧いてこない。

例えば、人についてみると、若い日本人がたくさん在籍している法人であるとか、立地が良く、建物が新しく、設備が整っているとか、特許をたくさん持っているとか、特殊な技術があるとか、この権利を取得するにはたいへん難しく権利を取得するために時間やお金がたくさん掛かるとか、そのようなことが必要だと考える。しかし介護施設の立地場所を見てみると山すそや河川の周辺に立地（もともと土地は寄附であったので）していて、築20年～40年経過していて若い職員は少なく、高齢の職員が多いのが現状ではないだろうか。もともと土地は設立者の寄附で設立していたので安い土地が多く、おのずと山のふもとや河川の近くということになる。そのような施設を持つ法人は、どうにか生活を続けていくことができればよいと考えるのではなかろうか。

筆者は社会福祉法人を設立するまでは、父の会社で働いていて父が亡くなり社会福祉法人を設立することにした。社会福祉法人は民間の会社と違って大変なことが（苦情対応、虐待、家族対応、３６５日稼働）多くあるが、経営能力を高めることについての研修はほとんどない。そして経営者の定年は無く、元気であればいくつになっても働くことができる。給料も支給される。特養に入所したいお年寄りはたくさんいてマーケティングも必要ない。民間の会社の場合、マーケティングは大変大切で人が来てくれないと商売はやっていけない。競争も激しく、競争に勝っていかなければならない。リスクも取らなければならない。これが民間の株式会社の実態である。明らかに民間会社の場合、不安定要素が多い。それに比べて社会福祉法人の経営リスクは少なく、居心地が良いのになぜ合併や事業譲渡ということが浮上するのか考えてみたい。

社会福祉連携推進法人について、これらは地域の社会福祉事業経営者か社会福祉法人が集まって社会福祉連携推進法人（一般社団法人）を設立し各法人が社員となって参加するということだ。最高意思決定機関は「社員総会」となる。これの大きなメリットは社会福祉連携推進法人への一般企業からの貸し付けである。しかし、よく考えてみると一般企業から借り受けて、その金の回収ができるのか、ということ。ここに参加している経営者は今の事業経営がうまくいっていないので社会福祉連携推進法人に参加するのではないか。もし回収できない場合は他の社会福祉法人が弁済するのか連帯保証を他の経営者になってもらうのか等、わからない所がたくさんある。

介護事業を続けていて疑問に思うことがある。もし事業経営に失敗して倒産となった場合、株式会社の場合は倒産の手続き等がある。資産の売却等を行っていく。そして中小企業の場合、経営にかかわっているものは職を失い自己所有の不動産、現金等を会社に貸付、提供または連帯保証していく。社会福祉法人が倒産した場合に理事の責任はどうなるかということ。それに関連して社会福祉法人が所有している不動産を売却して負債にあてることができるかということ。もし不動産も一切これに充てることができないとするならば理事、理事長が負債の責任をとらなければならないので、一人ひとりの負債額は多額とならざるを得ない。これでは年に数回出席してほんのわずかな日当しかもらっていない理事に誰が就任してくれようか。理事に就任していただいている方々はほとんどボランティアの気持ちで出席している。事業計画や予算計画の発表はあるがどれほど関与しているかは、はなはだ疑問である。

筆者は、不動産等の売却ができるように法改正が必要だと考える。最初に社会福祉法人設立の時に数億円寄付（土地を含め）し、その土地を活用できないのではそれは理事等に不利益を与えるのではないかと思う。今後、社会福祉法人の合併、譲渡、社会福祉連携推進法人が必要となる場合は、経営者が高齢で後継者のいない場合、あるいは、赤字で倒産するような場合ではなかろうか。こうした場合に限り、合併、譲渡、社会福祉連携推進法人の活用がでてくるのではと考える。社会福祉法人が倒産となった場合は、民間企業と違って社会に与える影響は大きい。できるだけ存続させるために行政には合併、事業譲渡、社会福祉連携推進法人を進めていけるようなインセンティブが必要だと思う。

今後、合併、譲渡、社会福祉連携推進法人の会員になるにしても大きなメリットがない限り進まない。以前、筆者のところへ社会福祉法人を買わないかとの話がたくさんあった。それは数億円を出してくれたら理事長、理事を替わるとのことだった。それと同じ内容で銀行からも打診があった。筆者はすべて断わった。法律違反をしたくないし、経営内容のよくない法人を買いとれば立て直しのための労力が大変なので、それより一から施設をつくることの方がやりがいを感じるし、職員にも喜んでもらえると思ったからだ。現在にいたって、それは正解だったと考えている。これからはどのように介護経営が変わっていくかわからないが、ある一定の規模で経営をしっかり頑張っている社会福祉法人には、合併、譲渡、社会福祉連携推進法人は必要ないと考えられる。

## 5　社会福祉法人の経営者のモチベーションと介護施設の将来について

最後に社会福祉法人の経営者のモチベーションについて私見を述べてみたい。

経営者のモチベーションといっても経営者それぞれ千差万別である、筆者が特に重要視しているのが介護の質の向上と人材育成である。この２つは連携している。そして、この２つを発展させるためにどうするかということをこの24年間たえず考えてきた。介護についてはまったくの素人で介護業界に参入したのは今から24年前。株式会社と違って手続きの煩雑なことにはびっくりした。書類の多さにも閉口した。しかし、介護保険法の成立の前年の平成８（１９９６）年の10月１日に施設がオープンし、介護保険法が成立したのは平成９（１９９７）年で平成12（２０００）年4月1日から施行となった。ほんとうに高齢者介護の明治維新のような喧騒とした状況で、そして、その時にたくさんの先輩経営者に特養について教えて頂き、また研修会で勉強した。まったく知らない業界だったので一から学ぶ必要があった。大変なことも多々あったが将来は希望に満ちていた。それは新しく介護保険制度ができ、これからの老人介護はどのようになっていくのかという希望と不安が入り交じった状況でもあった。介護保険法施行と同時に、神戸市東灘区に「サンライフ魚崎」をオープンし、その後関連法人も含め18施設をオープンした。しかし、ここ4年～5年は外国人の技能実習生の組合、特定技能の登録支援機関をつくることに力を入れてきた。これは少子高齢化で介護に来てくれる人材が少なくなると感じたからだ。現在新型コロナにもかかわらずインドネシアから技能実習生が当法人へ８人も来ることができた。令和３（２０２１）年2月現在、ＥＰＡでの受け入れ43人、技能実習生としての受け入れ8人で合計51人がささゆり会に在籍している。今年の夏までに加えて73人が在籍予定である。

このように外国人の介護士を確保しても新しく施設を作っていくことができるかというと、なかなかその意欲が沸かない。なぜかというと日本人の人手不足で外国人だけでは介護施設を経営することができないからだ。その次に社会福祉充実残額の件で残ったお金の使い道が許可認可をもらわなければならないからだ。

今後は何に力を入れて経営をしていくか、大変悩んでいる。しかし人材育成は介護事業の要の部分であるからこれに力を入れていくしか方法はない。現在、外国人のための社員寮を1つ建設中で、さらに2つ建設を予定している。姫路では、外国人の住居の賃借りがなんとかできるが、社会福祉法人が所有することによって敷金、礼金も必要がなく手続きがスムーズに運ぶことができる。外国人に働いてもらうことで当面の介護人材の不足は解消することができたとしても、新たに施設を作っていくことにはなかなかつながっていかないと思う。それは、外国人の緊急時の対応の問題や家族への対応、日本の習慣の理解の問題があるからだ。よって今後は、介護福祉士国家試験取得のサポート事業と、日本語の会話能力の向上を目指していく予定である。

これからの社会福祉法人の合併、事業譲渡、社会福祉連携推進法人のシステムが進んでいくのは難しいと考える。合併等をしたくなるメリットを設けないとこのまま赤字のたれ流しとなり、最後は誰も手を差し伸べなくなると思う。これから施設を必要とする高齢者がますます増えてくると予測されるが、それに対する対応は全然できていないし、できないと思う。地域包括ケアを進めていくことを役所は考えているが、地域包括ケアの中心となるのはヘルパーである。医師でも看護師でもない。現在、当法人でもヘルパー事業を行っているが、ヘルパーを希望する人は集まらない。施設をたくさん造るのではなく地域が支え合うという考え方は正しいと思うが、誰が介護サービスをしてくれるのかを考えなければお題目を唱えても本当のサービス支援にならない。介護の本当の大事な所は、食事介助、排泄介助、入浴介助である。ここのところにロボットやＩＴ化で職員の負担を軽減することはなかなかできない。見守りや介護記録は少しＩＴ化が進み、職員の負担は軽減することになるが、介護全体から見ればわずか1割程度だと考える。将来を考えれば外国人の採用、経営者のマネジメント力、ＩＴ化の推進、給料ならびに福利厚生の充実等を進めていくことが必要と考える。合併や事業譲渡、社会福祉連携推進法人の設立等の方向へは、今のままでは進捗しないのではと思う。

今後は、海外の日本語学校と提携して、優秀な人材を採用していかなければと考えている。特定技能1号の場合5年の滞在しか認められないので5年間で介護福祉士の国家試験に合格しなければ帰国となる。合格すれば「介護」の永住権が与えられるので、その試験に合格して、日本に永住してもらえるようにシステムを構築したいと考えている。外国人の日本に来る目的は母国への送金と介護福祉士国家試験の合格である。この2つの目標に向かって働きに来る外国人をサポートしていくことが、今後、人材不足を解消する大いなる手助けになるのではないかと考えている。

令和２（２０２０）年の２月以降、新型コロナウイルスが世界に蔓延し令和３（２０２１）年２月１日時点で１億人以上が感染し、死者が２２２万人となっている。これが経済に与える影響は計り知れないものがある。リーマンショック以上の不況といえる。観光からレストランその他たくさんの業種で大きな影響がでている。介護分野においてもデイサービス、ヘルパー、ショートステイが影響を受けている。しかし、介護業界がなくなるわけではない。ロボット等の発達によって人手不足が解消するかといえばそれも期待できない。人手不足は今後数十年に亘って介護業界を苦しめる。働き方が変わった業界も多数あるが、介護業界の働き方は今後も以前と変わらない。保険報酬も毎年のように上がるが、これでは質の高い介護サービスの提供は期待できない。社会福祉法人の経営環境はますます苦しくなり、赤字法人も増えてくると予測される。

しかし、他の業界に比べてコロナ禍で受けた打撃は少ないと思う。経営者のモチベーション（事業の拡大、収益の拡大、人材育成、社会貢献業）を高めるために役所の規制を緩和しなければこれから先に新たに施設を造るなり、現在行っているサービスを拡大することに力が入らないと思える。
以上、経営者から見た介護施設の将来について問題提起を行った。

【参考文献】
塚口伍喜夫他編、笹山周作ほか著『社会福祉法人の今日的使命』／２０１３／リベルタス・クレオ
笹山周作ほか著『福祉施設経営革新』／２０１４／大学教育出版
笹山周作等鼎談『社会福祉をけん引する人物№２』／２０１８／大学教育出版
塚口伍喜夫監修・笹山周作編著『日本を棄老国家にするな』／２０２０／大学教育出版
笹山周作等監修・著『さあ　始めようＱＣサークル』／２０２０／大学教育出版

第4章

# 社会福祉法人の合併、譲渡、今後の社会福祉法人のあり方等について（公認会計士の立場から）

【編者コメント】

本章の筆者は、公認会計士として多くの社会福祉法人の財務指導、適正な会計処理の指導に当たるとともに、社会福祉法人の合併・譲渡などの相談活動を活発に進めておられる。今後、多くの社会福祉法人が直面していくであろう合併や譲渡の問題について、専門家の立場から問題提起をいただいた。この提起は、社会福祉法人が人格を持った組織体として自己決定を迫られていく、いわゆる、自らを律していく局面に際して大いに参考になる内容である。

## 1 社会福祉法人を取り巻く環境変化と会計制度の変遷との関係

### (1) 社会福祉法人を取り巻く環境変化

ご存知のように、昭和26(1951)年に社会福祉事業法(現在の社会福祉法)が制定され、平成12(2000)年4月に介護保険制度がスタートし、平成28(2016)年4月から社会福祉事業法が大きく改正され、社会福祉法となった。その他の主な制度改正は以下のとおりである。

- 昭和26(1951)年4月:社会福祉事業法の施行
- 平成12(2000)年4月:社会福祉法の施行(社会福祉事業法廃止)・介護保険法の施行
- 平成18(2006)年4月:障害者自立支援法の施行
- 平成25(2013)年4月:障害者総合支援法の施行
- 平成28(2016)年4月:社会福祉法の大改正施行
  経営組織の見直し・事業運営の透明性の向上、財務規律の強化等
- 令和2(2020)年9月11日:社会福祉法人の事業展開に係るガイドラインの策定について

社会福祉法人の「合併・事業譲渡等マニュアル」について
・令和2（2020）年6月：社会福祉法の一部改正（一部を除いて令和3年4月施行）
・令和22（2040）年に向けての展望：生産年齢の減少の加速化・福祉ニーズの複雑化・多様化、高齢者・障害者（児）・こどもの枠を超えた包括的福祉サービスの提供

以下に、社会福祉法人を取り巻く年代ごとの環境の変化（主に介護事業）を一覧表にしたので、先ず確認いただきたい。

### （2）会計制度の変遷

上記の社会福祉法人を取り巻く環境変化に合わせ、会計制度も以下のように変遷した。
・昭和26（1951）年4月以降：単式簿記（収支報告書のみ）
・昭和52（1977）年4月以降：経理規程準則（複式簿記導入により財務2表作成）
・平成12（2000）年4月以降：旧会計基準（社援第310号）【減価償却制度導入により財務3表作成】
・平成23（2011）年7月：新会計基準の公表【拠点区分・新たな会計処理の手法導入】
・平成27（2015）年4月以降：新会計基準の強制適用

| 項目 | 昭和26年4月以降 | 平成12年4月以降 | 平成28年4月以降 | 令和3年4月以降 |
|---|---|---|---|---|
| 方針 | 運営 | 経営 | → | → |
| 利用者との関係 | 措置（入所者） | 契約（利用者） | → | → |
| 収入制度 | 措置委託制度 | 保険制度 | → | → |
| 請求内容 | 毎月1日現在の入所者数で行政に請求 | 毎月末〆の出来高に応じて国保連に請求 | → | → |
| 入金月 | 当月 | 翌々月 | → | → |
| 運転資金 | 不要 | 2か月分必要 | → | → |
| 入金と支出の関係 | 入金した資金を全額消化する使い切り予算 | PLで採算性を検討し支払資金を支出しCFにて表示 | → | → |
| 施設建物の建替資金 | 補助金制度あり | 減価償却費の自己金融機能で建替資金を自力で確保 | → | → |
| 行政との関係 | 護送船団方式（自助努力の欠如） | 自立方式（競争原理方式） | → | → |
| 資金の使途制限 | 同一法人内の他の施設への資金の繰入・貸付は厳禁（資金の使途制限） | 同一法人内の他施設への繰入が条件付で可能・貸付は年度内精算（資金の弾力運用化） | → | → |

| | | | | |
|---|---|---|---|---|
| 計算書類、定款、役員報酬規程、役員・評議員一覧表の公表 | | | ホームページまたはWAMNET | → |
| 理事と評議員の兼務関係 | 兼務可能 | 兼務可能 | 兼務不可 | → |
| 評議員会の位置付け | 諮問機関 | 諮問機関 | 最高決議機関 | → |
| 会計監査人監査等の導入 | | | サービス活動収益計30億超過または負債総額60億超過 | → |
| 社会福祉充実残額・充実計画の作成 | | | 社会福祉充実残額が黒字➔社会福祉充実計画の作成 | → |
| 事業展開 | | 法人間連携事業譲渡（譲受） | 法人間連携事業譲渡（譲受） 合併 | → |
| 社会福祉連携 推進法人 | | | | 令和2年6月12日から2年を超えない範囲内の政令で定める日から施行 |

・平成28（2016）年4月以降：新会計基準を省令79号にて政令化（社会福祉法第45条の23等で準用）

社会福祉法人会計基準の制定に伴う会計処理等に関する運用上の取扱について（局長通知）

社会福祉法人会計基準の制定に伴う会計処理等に関する運用上の留意事項について（課長通知）

・令和2（2020）年9月11日：省令第79号の一部改正（令和3年4月1日施行）

「社会福祉法人会計基準の制定に伴う会計処理等に関する運用上の取扱いについて」の一部改正（令和3年4月1日施行）

以下に主な会計制度の変遷を比較すると、

昭和52（1977）年3月以前は収支報告書のみの単式簿記（官庁会計）にて会計処理をしていた。昭和52（1977）年4月から「経理規程準則」が制定・適用され、施設単位にて財務2表（貸対照表と収支計算書）を作成することとなり、初めて複式簿記が導入されたが、法人全体の計算書類を作成する義務はなかった（行政側の担当課が施設の種類によって異なっていたので、法人全体の計算書類を作成する必要性がなかった）。

また、当時は措置委託制度時代だったので行政が入所者を指定するので、現在のように施設側において経営努力して入所者（利用者）を獲得する必要はなく、その代わり運営に必要な資金を措置費として受けることができた。言わば、「護送船団方式」が平成12（２０００）年3月まで続いた。

措置委託制度時代は社会福祉法人向けの会計基準は存在せず、「経理規程準則」により画一的に会計処理を実施し、この「経理規程準則」での「収支計算書」は現在の資金収支計算書の基であり、当時は「資金」と呼称していた。

措置委託制度時代は、行政側から施設側に対し措置費として「資金」が歳出され、施設側では「措置費収入」として受入れた「資金」（行政側の歳出目的）の目的外支出は厳しく制限されており、いわゆる「お金に色が色濃く付いている」時代であり、「資金の使途制限通知」の内容は現在よりもかなり厳しく、当該施設に対し行政から歳出（施設側の収

| 昭和26年4月以降 | 昭和52年4月以降 | 平成12年4月以降 | 平成28年4月以降 | 令和3年4月以降 |
|---|---|---|---|---|
| 会計基準の類無し | 経理規程準則 | 旧会計基準と施設種類別の会計基準が併存 | 新会計基準に1本化→省令79号 | 新会計基準に1本化→省令79号 |
| CFのみ | CFとBS | CFとPLとBS | CFとPLとBS | CFとPLとBS |
| 減価償却制度なし | 減価償却制度なし | 減価償却制度導入 | 減価償却制度あり | 減価償却制度あり |
|  |  |  |  | 合併・事業譲渡の注記記載 |

（註）表中における和年表示は西暦年表示をしておりません。

入）した目的外支出は厳禁だった。

また、「資金」は歳出する行政側の出納閉鎖期間に合わせ、決算年度末から2か月間の前年度帰属の措置費収入（行政側の4月から5月末までの歳出）は未収入金として計上し、行政側の歳出金額と施設側の措置費収入計上金額の照合の利便性を諮っていた。すなわち、社会福祉法人は多くの公金（補助金等）を収入源としていたので、公金を払い出す行政側としては歳出金額（払い出し金額）とそれを受け入れる側の社会福祉法人の収入とが一致しているかどうかをチェックする目的と、その収入を受け入れた社会福祉法人側では、措置費収入等の公的資金の収支を明確にすることで、その受託責任を明らかにし、適切に支出しているかどうかをチェックする2つの目的を満足させるため、（資金）収支計算書が存在していた。そのため、厚労省からは施設の種類別に多くの資金の使途制限通知等の各種通知が公表されていた。

また、未収入金以外に年度帰属の収支を明確にするため「資金」には現金預金以外の経過勘定科目等（有価証券、前払金、仮払金、未払金、前受金、預り金等）も含めることとしていた。

時代は変わり、平成12年4月から介護保険制度がスタートしたのに合わせ、「経理規程準則」に代わり「旧会計基準」が制定され、初めて減価償却制度が導入された。

それまでの財務2表【貸借対照表と収支計算書】から財務3表【貸借対照表・資金収支計算書・事業活動収支計算書（現在の事業活動計算書）】を作成することとなり、将来の施設建物の建替資金はこの減価償却費の自己金融機能を利用し、事業活動収支計算書において採算性を考慮（減価償却費を計上しても黒字経営）しつつ、補助金なしの自力で確保することが要請されることとなった。

すなわち、それまでの護送船団方式から自立方式（競争原理方式）に移行し、措置委託制度から出来高請求による保険制度に移行し、それまでの「資金」を使い切る（予算を消化する）施設運営ではなく、各種「施設基準」や「職員配置基準」を遵守しつつ採算性を考慮し、将来の施設建物の建替資金を補助金無しの自己資金にて確保する経営方針に変換することを余儀なくされた。それまでの単なる措置費収入予算消化のための「資金」支出ではなく、事業活動収支計算書における採算性を考慮した資金を支払うという意味で「支払資金」と呼称するようになった。ここに、2つの収支計算書【資金収支計算書と事業活動収支計算書（現在の事業活動計算書）】の存在意義があるわけである。また、一般企業の資金収支計算書の資金とは異なる範囲であることを強調するため、社会福祉法人では「支払資金」と呼称替えした。それに応じて、資金の使途制限通知の内容が徐々に弾力運用化されていった。

以上のように社会福祉法人を取り巻く経営環境は大きく変わったが、措置委託制度（経理規程準則）時代の「資金」と旧会計基準時代の「支払資金」の範囲と比較すると実質的な範囲に何ら変更はない。すなわち、旧会計基準時代には、それまでの「経理規程準則」時代と比べて「徴収不能引当金」「賞与引当金」「棚卸資産」という貸借対照表科目が追加されたが、それら追加された科目は支払資金の範囲から除外されていたので実質的な範囲に何ら変更はなかった。

次に、平成23（2011）年4月までは旧会計基準以外に施設の種類に合わせた様々な会計基準が存在していたので、会計処理基準が異なることにより同一法人内施設であるにもかかわらず施設間の横並び比較による支払資金の増減・事業活動収支計算書による採算比較が不可能であること、また資金の弾力運用化に伴い法人全体の計算書類の作成の必要性が増しているにもかかわらずその作成が障害となっていた。

そこで、平成23（2011）年7月に「新会計基準」が公表され、猶予期間を経てすべての施設・事業はその種類にかかわらず「新会計基準」に1本化され、同時に一般企業の会計で導入されている新たな会計処理の手法（1年基準・減損会計・リース会計・外貨建て取引会計・税効果会計等）も導入された。これにより、他の種類の異なる法人（一般企業、学校法人、一般社団・財団法人等）との比較も容易となり、法人外部のアナリストからの要求にも応えられることとなった。

また、平成28（２０１６）年4月からはそれまでの「新会計基準」が局長通知・課長通知であったのが、「社会福祉法人会計基準」として省令化（省令79号）されたことにより、この会計基準に違反した場合は法令違反として扱われることとなり、より強制力のある会計基準となり、自法人のホームページやWAMNETによる公表制度が導入された。

しかしながら、措置委託制度時代の「資金」の範囲と現在の省令化された会計基準における「支払資金」の実質的な範囲は何ら変更されることなく現在に至っている。その理由は前にも記載したように社会福祉法人には多くの公金が注入されているので、その収入が適切に支出されているかをチェックするためのツールとして資金収支計算書が存在していることは、措置委託制度時代から現在まで何ら変更ない。

そこで、以下に「支払資金」の範囲の変遷を一覧表にしたのでご確認いただきたい。

次に、念のため、省令79号のＣＦとＰＬの主な規定を以下に記載する。

資金→支払資金の範囲　○（範囲に含む）　×（範囲に含まない）

| 貸借対照表の流動資産・流動負債の科目 | 資金 | 資金 | 支払資金 | 支払資金 |
|---|---|---|---|---|
| | 昭和 26 年 4 月以降 | 昭和 52 年 4 月以降 | 平成 12 年 4 月以降 | 平成 27 年 4 月以降 |
| | 会計処理に関する基準なし | 経理規程準則 | 旧会計基準と施設種類別の会計基準が併存 | 新会計基準に1本化→省令 79 号 |
| | CF のみ | BS と CF | BS と CF と PL | BS と CF と PL |
| 現金預金 | ○ | ○ | ○ | ○ |
| 有価証券 | 実質○ | ○ | ○ | ○ |
| 未収金・前払金・仮払金・貸付金 | 実質○ | ○ | ○ | ○ |
| 未払金・前受金・預り金・仮受金・短期運営資金借入金 | 実質○ | ○ | ○ | ○ |
| 棚卸資産（貯蔵品以外） | | | × | × |
| 徴収不能引当金 賞与引当金 | | | × | × |
| 1 年基準振替科目 | | | × | × |

（注）CF：（資金）収支計算書　　BS：貸借対照表　　PL：事業活動（収支）計算書

| 社会福祉法人会計基準（省令第 79 号） |
| --- |
| 第 12 条<br>資金収支計算書は、当該会計年度における全ての支払資金の増加及び減少の状況を明瞭に表示するものでなければならない。<br>第 13 条<br>支払資金は、流動資産及び流動負債（経常的な取引以外の取引によって生じた債権又は債務のうち貸借対照表日の翌日から起算して 1 年以内に入金又は支払の期限が到来するものとして固定資産又は固定負債から振り替えられた流動資産又は流動負債、引当金及び棚卸資産（貯蔵品を除く。）を除く。）とし、支払資金残高は、当該流動資産と流動負債との差額とする。 |
| 運用上の取扱い（局長通知） |
| 5 支払資金について（会計基準省令第 13 条関係）<br>資金収支計算書の支払資金とは、経常的な支払準備のために保有する現金及び預貯金、短期間のうちに回収されて現金又は預貯金になる未収金、立替金、有価証券等及び短期間のうちに事業活動支出として処理される前払金、仮払金等の流動資産並びに短期間のうちに現金又は預貯金によって決済される未払金、預り金、短期運営資金借入金等及び短期間のうちに事業活動収入として処理される前受金等の流動負債をいう。ただし、支払資金としての流動資産及び流動負債には、1 年基準により固定資産又は固定負債から振替えられたもの、引当金並びに棚卸資産（貯蔵品を除く。）を除くものとする。支払資金の残高は、これらの流動資産と流動負債の差額をいう。 |
| 社会福祉法人会計基準（省令第 79 号） |
| 第 19 条<br>事業活動計算書は、当該会計年度における全ての純資産の増減の内容を明瞭に表示するものでなければならない。<br>第 20 条<br>事業活動計算は、当該会計年度における純資産の増減に基づいて行うものとする。 |

### （3）貸借対照表科目と資金収支計算書との関係

現在の「支払資金」の範囲は、省令79号の第13条と運用上の取扱い（局長通知）第5に記載のように、次の①と②の両方を含み、「支払資金残高」は③のように①と②との差額であると同時に、資金収支計算書の「当期末支払資金残高」と合致することとなる。

①流動資産（徴収不能引当金と貯蔵品以外の棚卸資産と1年基準による振替額を除く）

②流動負債（賞与引当金と1年基準による振替額を除く）

③支払資金残高＝①－②＝（当期末のＢＳの流動資産合計－当期末のＢＳの流動負債合計）－貯蔵品以外の棚卸資産＋徴収不能引当金－1年基準による振替債権金額＋賞与引当金＋1年基準による振替債務金額＝資金収支計算書の当期末支払資金残高

### （4）資金収支計算書の表示科目

次に、社会福祉法人の「支払資金」を資金とする場合と、一般企業のように「「現金及び現金同等物」（以下、「現金預金等」という）」を資金とする場合とで、資金収支計算書に表示される科目数はどちらが多くなるか。

例えば、以下の仕訳を想定してみてください。

①（借方）現金預金　　（貸方）事業未収金
②（借方）事業未払金　（貸方）現金預金
③（借方）現金預金　　（貸方）仮受金
④（借方）仮受金　　　（貸方）現金預金

これらの仕訳は、「支払資金」を資金としている社会福祉法人の資金収支計算書では「支払資金」の残高が増減していないので収入の部にも支出の部にも表示されないこととなる。一方、「現金預金等」を資金としている一般企業の資金収支計算書では「現金預金等」の残高が増減するので収入の部にも支出の部にも表示されることとなる。

上記の①の場合、「事業未収金回収収入」として収入の部に、
②の場合、「事業未払金支払支出」として支出の部に、
③の場合、「仮受金回収収入」として収入の部に、
④の場合、「仮受金支払支出」として支出の部に、それぞれ表示されることとなる。

「支払資金」の範囲には現金預金等の科目以外の経過勘定等の科目をも含むため、換言すれば「支払資金」の範囲が「現金預金等」よりも広いがゆえに、社会福祉法人の資金収支計算書では「支払資金」間の取引が資金収支計算書には表示されないこととなる。資金収支計算書に

表示される科目数は「支払資金」を資金とする方が少なくなり、「現金預金等」を資金とする方が逆に多くなる。換言すると、歳出した行政側にとっては「支払資金」の方が把握しやすいこととなる。

### （5）現金預金残高と支払資金残高と建替資金等との関係

次に、支払資金残高と以下の他の資金残高との関係を参考に列記する。

①現金預金残高＝現金預金集計表から算出
②支払資金残高＝①＋現金預金残高以外の経過勘定科目残高
③運転資金残高＝事業未収金残高（2か月分）と仮定
④余剰資金残高＝①－③
⑤施設整備等積立資産残高
⑥建替資金残高＝④＋⑤
⑦基本財産建物勘定の現在の減価償却累計額
⑧内部留保余裕資金残高＝⑥－⑦

毎期末において、上記⑥が⑦以上の金額となっているかどうか（⑧が黒字）が経営上重要な指標となる。

仮に、⑥の金額が⑦の金額よりも少ない場合（⑧が赤字）には、その差額について今後よりいっそうの経営努力が必要となる。

すなわち、施設建物の耐用年数終了まであと何年（残存年数）かを計算し、その年数の範囲内で毎年上記差額を取り戻す経営努力が必要となり、その経営努力の内容を次年度以降の予算書に経営計画として盛り込むことが必要となる。

換言すれば、毎年以下の⑨の年間経営努力差額以上の現金預金増加額（⑮）を増加させることが必要となるのである。

⑨年間経営努力差額＝（⑦－⑥）÷残存年数
⑩事業活動計算書の経常増減差額
⑪減価償却費－国庫補助金等特別積立金取崩額
⑫償却前経常増減差額＝⑩＋⑪
⑬固定資産取得支出
⑭設備資金借入金償還支出
⑮現金預金増加額＝⑫－⑬－⑭

詳細については、一般財団法人総合福祉研究会監修『社会福祉法人会計簿記テキスト（上級財務管理編）』の第Ⅱ章（減価償却と施設の再生）を読んでいただきたい。

（6）資金の使途制限通知

次に、資金の使途制限通知について簡単に解説する。

現在、厚労省から公表されている資金の使途制限通知は以下のとおり。

・介護事業（平成12年3月10日　老発第188号平成26年6月30日改正現在）

・障害者事業（平成18年10月18日 障発第1018003号平成19年3月30日改正現在）

・障害児事業（平成24年8月20日　障発0820第8号
（平成24年8月20日　障障発0820第2号）

・保育所事業（平成27年9月3日　府子本第254号　雇児発0903第6号）
（平成27年9月3日　府子本第256号　雇児保発0903第2号）
（平成29年4月6日　府子本第228号　雇児保発0406第1号）

・措置施設（平成16年3月12日 雇児発・社援発・老発第0312001号　平成29年3月29日改正現在）
（平成16年3月12日　雇児福発・社援基発・障障発・老計発第0312002号　平成29年3月29日改正現在）

以上の通知内容の主要な点を簡略化して一覧表にて以下に表示する。

## 2　事業展開の概要

一つの法人では対応が困難な次のような課題を、２つ以上の法人が協力し合うことによって解決できる場合が想定される。

例えば、・人材確保

・職員研修会等の合同開催による人材育成

・災害時の相互非難場所の確保

・事業規模の拡大による経営基盤・経営力の強化、事業の効率化

・サービスの質の向上、組織活性化等

そこで、社会福祉法人が実施することができる事業展開として、以下の方法が想定される。

1. 法人間連携
2. 合併（吸収合併・新設合併）
3. 事業譲渡（事業譲受）

| 貸付元<br>繰入元<br>施設種別 | 区分 | 貸付先・繰入先の施設種別 | | | | | |
|---|---|---|---|---|---|---|---|
| | | 法人本部 | 介護事業と障害者(児)事業 | 保育所 | 措置施設 | 公益事業 | 収益事業 |
| 法人本部 | 貸付 | | フリー | フリー | フリー | フリー | 資金源により異なる |
| | 繰入 | | フリー | フリー | フリー | フリー | 厳禁 |
| 介護事業と障害者(児)事業 | 貸付 | 年度内精算 | 年度繰越可(※6) | 年度内精算 | 年度内精算 | 年度内精算 | 年度内精算 |
| | 繰入 | (※2) | (※1) | (※2) | (※2) | (※2) | 厳禁 |
| 保育所 | 貸付 | 年度内精算 | 年度内精算 | 年度内精算 | 年度内精算 | 年度内精算 | 年度内精算 |
| | 繰入 | (※4) | (※4) | (※3) | (※4) | (※4) | 厳禁 |
| 措置施設 | 貸付 | 年度内精算 | 年度内精算 | 年度内精算 | 年度内精算 | 年度内精算 | 年度内精算 |
| | 繰入 | (※4) | (※4) | (※4) | (※4) | (※4) | 厳禁 |
| 公益事業 | 貸付 | フリー | フリー | フリー | フリー | フリー | フリー |
| | 繰入 | (※5) | フリー | フリー | フリー | フリー | 厳禁 |
| 収益事業 | 貸付 | フリー | フリー | フリー | フリー | フリー | フリー |
| | 繰入 | (※5) | フリー | フリー | フリー | フリー | フリー |

(※1) 当期末支払資金残高に資金不足が生じない範囲で繰入可能
(※2) 事業活動資金収支差額と当期資金収支差額合計に資金不足が生じない範囲で繰入可能
(※3) 委託費収入の3か月分の範囲で実費補填のみ繰入可能
(※4) 運用収入＋前期末支払資金残高の範囲で実費補填のみ繰入可能
(※5) 本部経由で各施設・公益事業に充当することは可能
(※6) 介護事業から介護事業への貸付のみ年度繰越可能

（1）法人間連携

2つ以上の社会福祉法人等が人材の確保・職員研修会の実施・災害時の相互非難場所の確保等を目的として、事前に協定書を締結しておくことで柔軟に実施することができる。

合併、事業譲渡（事業譲受）のように現在の法人体制を変更することなく実施できるので手続が容易であるのが特徴である。

法人間にて事業連携し協定書を作成しても、相手方法人が社会福祉法人であれ他の法人（例えば学校法人）であれ、法人外貸付・法人外支出に変わりはないので、相手方法人への資金の貸付・繰入は厳禁となる。

（2）合併（吸収合併または新設合併）

合併とは、2つ以上の法人が契約によって1つの法人に統合することをいう。社会福祉法人が他の法人と合併する場合は、相手法人が社会福祉法人にかぎられる【法第48条】。

合併には、自法人を存続させ相手法人を消滅させる「吸収合併」と、自法人及び相手法人ともに消滅させ新たな社会福祉法人を設立する「新設合併」の2つの方法がある。

①吸収合併

ア．吸収合併の概要

吸収合併の場合の消滅法人は、合併時が3月末でない場合は仮決算を実施し、合併時のすべての資産と負債の適正な帳簿価額を算定し（合併時の時価換算はしない）、存続法人へ引継ぐ。

その場合、過去の会計処理に誤謬がある場合は修正するが、存続法人の会計処理に合わせるための会計処理の修正は合併後において存続法人において修正することとなる。

イ．吸収合併の例示

ウ．吸収合併前後の資金の貸付・繰入

吸収合併直前において消滅法人から存続法人に対する資金の貸付は法人外貸付であるので厳禁。また、資金の繰入も法人外支出であり寄附金支出に該当するので厳禁である。

なお、合併後には消滅法人の資産・負債をすべて存続法人に引き継ぐので合併前の資金の貸付・繰入の必要性は無いこととなる。

②新設合併

ア．新設合併の概要

新設合併の場合の消滅法人は、合併時が3月末でない場合は仮決算を実施し、合併時のすべての資産と負債の適正な帳簿価額を算定し（合併時の時価換算はしない）、新設法人へ引継ぐ。

その場合、過去の会計処理に誤謬がある場合は修正するが、存続法人の会計処理に合わせるための会計処理の修正は合併後において存続法人にて修正する。

イ．新設合併の例示

ウ．新設合併前後の資金の貸付・繰入

新設合併法人設立前において、消滅法人から消滅法人に対する資金の貸付は法人外貸付となるので厳禁。また、資金の繰入も法人外支出であり寄附金支出に該当するので厳禁。

なお、合併後には消滅法人の資産・負債をすべて存続法人に引き継ぐので合併前の資金の貸付・繰入の必要性は無いこととなる。

| 科目 | 消滅法人（合併前） | 存続法人（合併前） | 存続法人（合併後） |
|---|---|---|---|
| 資産（帳簿価額） | 200 | 600 | 800 |
| 負債（帳簿価額） | 100 | 200 | 300 |
| 差引純資産（帳簿価額） | 100 | 400 | 500 |

### （3）事業譲渡（譲受）

①事業譲渡（譲受）の概要

事業譲渡（譲受）とは、特定の事業を継続していくために当該事業に関する財産（債務も含む）及び当該事業に関する有形・無形の財産を他の法人に譲渡（譲受）することである。

事業譲渡（譲受）に関し、現在の社会福祉法では該当する条項は見当たらないが、取引行為の一つであるから可能と解釈される。

事業譲渡（譲受）には、社会福祉事業の一部を他の法人へ譲渡する「一部譲渡」と、すべての社会福祉事業を他の法人へ譲渡する「全部譲渡」の2種類がある。

しかしながら、社会福祉法人は「社会福祉事業を行うことを目的として設立された法人」（法第22条）であるので、社会福祉事業のすべてを全部譲渡すると法趣旨に反することとなり、仮に公益事業・収益事業が残っていたとしてもそのまま法人を存続することができないこととなり解散を余儀なくされる。

また、全部譲渡の対価として現金預金を受領するので、当該預金残高は法人解散時に国等に帰属することとなる。

次に、社会福祉法人の基本財産を処分する場合には所轄庁の認可が必要だが、社会福祉法人の目的遂行上の正当な理由が無い限り認可されないので、他法人へ譲渡する場合には譲渡先法人において事業継続がそのまま可能でない限り認可されないこととなる。

②事業譲渡（譲受）の例示

③資金の貸付・繰入

事業譲渡（譲受）前に、事業譲渡する施設から譲渡先法人に対する資金の貸付は法人外貸付となり厳禁である。また、資金の繰入も法人外支出であり寄附金支出に該当するので厳禁。

なお、事業譲渡する施設側は事業譲渡する施設の資産・負債の価値を適切に時価評価し、当該時価評価金額（300）以下の価額（例えば200）で譲渡した場合には法人外貸付または法人外繰入（150）に該当することとなり留意すべきである。

| 科目 | 譲渡施設（譲渡前） | 譲受法人（譲受前） | 譲渡施設（譲渡後） | 譲受法人（譲受後） |
|---|---|---|---|---|
| 資産 | 時価 400（簿価 200） | 簿価 600 | 300 | 700 |
| 負債 | 時価 100（簿価 100） | 簿価 200 | 0 | 300 |
| 差引純資産 | 時価 300（簿価 100） | 簿価 400 | 300 | 400 |
| 譲渡損益 | | | 200（300 − 100） | |

逆に、事業譲受する法人側も事業譲受する資産・負債の価値を適切に時価評価し、当該時価評価金額（300）以上の価額（350）で譲渡した場合には法人外貸付または法人外繰入（50）に該当することとなり留意すべきである。

（4）合併・事業譲渡（譲受）のスケジュール比較表

合併・事業譲渡（譲受）のスケジュール比較表は以下のとおりです。

| 借方 | | 貸方 | |
|---|---|---|---|
| 科目 | 金額 | 科目 | 金額 |
| 負債 | 100 | 資産 | 200 |
| 現金預金 | 200 | 譲渡益 | 200 |
| 法人外貸付金<br>または寄附金支出 | 100 | | |

| 借方 | | 貸方 | |
|---|---|---|---|
| 科目 | 金額 | 科目 | 金額 |
| 資産 | 400 | 負債 | 100 |
| 法人外貸付金<br>または寄附金支出 | 50 | 現金預金 | 350 |

## 合併・事業譲渡（受）の手順比較表

| 吸収合併 | | 新設合併 | | 事業譲渡<br>事業譲受 |
|---|---|---|---|---|
| 消滅法人 | 存続法人 | 消滅法人 | 新設法人 | |
| 秘密保持契約書<br>（覚え書）の締結 | | 秘密保持契約書<br>（覚え書）の締結 | | 秘密保持契約書<br>（覚え書）の締結 |
| 事前協議<br>（合併の目的・理念・事業内容・役員数・評議員数・職員処遇・財務分析・合併後の相乗効果・その他） | | 事前協議<br>（同左） | | 事前協議<br>（目的・条件・運営方針・職員処遇・譲渡する資産・負債の範囲等） |
| 基本合意書の締結 | | 基本合意書の締結 | | 基本合意書の締結 |
| 合併後の役員名・評議員名・<br>会計監査人等の検討 | | 合併後の役員名・評議員名・会計監査人等の検討 | | |
| 合併契約書の作成<br>【法第48条】【法第49条】 | | 合併契約書の作成<br>【法第48条】<br>【法第54条の5】<br>【規第6条の8】 | | 事業譲渡（受）<br>契約書の作成 |
| 事前開示（合併契約に関する書面等の備置き及び閲覧等）<br>【法第51条】<br>【規第6条の2】 | 事前開示（合併契約に関する書面等の備置き及び閲覧等）<br>【法第54条】<br>【規第6条の4】 | 事前開示（合併契約に関する書面等の備置き及び閲覧等）<br>【法第54条の7】<br>【規第6条の9】 | | |
| 評議員会での合併承認決議<br>【法第52条】 | 評議員会での合併承認決議<br>【法第54条の2】 | 評議員会での合併承認決議<br>【法第54条の8】 | | 評議員会での定款変更決議（目的・基本財産）<br>【法第29条】<br>【法第45条の36】 |
| | | 新設合併設立法人の定款作成<br>【法第54条の10】 | | |

### 合併・事業譲渡（受）の手順比較表

| | | | | |
|---|---|---|---|---|
| | 所轄庁の認可<br>【法第50条第3項】<br>【規則第6条】 | | 所轄庁の認可<br>【法第54条の6】<br>【規第6条】 | ・基本財産処分の申請<br>・施設の廃止（設置）申請<br>・附随機能（診療所等）の廃止（設置）申請<br>【規第3条】<br>【法第64条】<br>【法第62条】 |
| 債権者保護手続<br>【法第53条】<br>【規第6条の3】 | 債権者保護手続<br>【法第54条の3】<br>【規第6条の6】 | 債権者保護手続<br>【法第54条の9】<br>【規第6条の10】 | | |
| | 合併登記<br>【法第50条】 | | 合併登記<br>【法第34条】<br>【法第54条の6】 | 目的変更登記<br>（施設の廃止（設置）に関する登記） |
| | 事後開示<br>【法第54条の4】<br>【規第6条の7】 | | 事後開示<br>【法第54条の11】<br>【規第6条の11】 | |
| 会計・税務処理<br>（結合時の仮決算） | 会計・税務処理<br>（結合時の簿価をそのまま引継ぎます） | | 会計・税務処理<br>（結合時の簿価を引き継ぎ） | 会計・税務処理<br>（譲渡時の時価） |
| | 職員・利用者等への説明・引継ぎ・各種契約書の締結等 | | 職員・利用者等への説明・引継ぎ・各種契約書の締結等 | 職員・利用者等への説明・引継ぎ・各種契約書の締結等 |
| | 規程・IT関係の改定整備 | | 規程・IT関係の改定整備 | 規程・IT関係の改定整備 |

## 3　社会福祉連携推進法人

社会福祉連携推進法人とは、社員（社会福祉事業を経営する者）の社会福祉に係る業務の連携を推進し、並びに地域における良質かつ適切な福祉サービスの提供及び社会福祉法人の経営基盤の強化に資することを目的とする法人をいう。ただし、自ら社会福祉事業を行うことはできない。

### (1)　制度の目的

①地域福祉の推進に係る取組を社員が共同して行うための支援
②災害が発生した場合における社員が提供する福祉サービスの利用者の安全を社員が共同して確保するための支援
③社員が経営する社会福祉事業の経営に関する知識の共有を図るための支援
④資金の貸付けその他の社員（社会福祉法人に限る）が社会福祉事業に係る業務を行うのに必要な資金を調達するための支援として厚生労働省令で定めるもの
⑤社員が経営する社会福祉事業の従事者の確保のための支援及びその資質の向上を図るための研修

⑥社員が経営する社会福祉事業に必要な設備または物資の供給

## (2) 社員の定義

社会福祉連携推進法人は、一般社団法人なので「一般社団法人及び一般財団法人に関する法律」の適用を受け、以下の構成員(以下)を「社員」という。なお、社会福祉法人たる社員の数が社員の過半数であることが必要である。

①社会福祉法人
②社会福祉事業を経営する者
③社会福祉法人の経営基盤を強化するために必要な者として厚生労働省令で定める者

## (3) ガバナンス

社会福祉連携推進法人の最高意思決定機関は「社員総会」となる。

そのため、理事・監事・会計監査人の選任は社員総会において選任する。

なお、一般社団法人なので本来ならば評議員会はないが、社会福祉連携推進法人においては「社会福祉連携推進評議会」の設置が義務付けられており、その構成員は以下の者である。

・福祉サービスを受ける立場にある者

・社会福祉に関する団体
・学識経験を有する者
・その他の関係者

### （4）資金の貸付・繰入

社会福祉事業を安定的に行うため、社会福祉連携推進法人から社員である社会福祉法人への資金の貸付が認められている。

①貸付元（貸付資金の原資）の社会福祉法人

社会福祉法人の拠点における「経常活動資金収支差額」が黒字で繰入後も資金不足が生じない範囲内において社会福祉連携推進法人への貸付が可能。なお、繰入は法人外支出であり寄附金支出となるので厳禁。

なお、医療法人・公益法人・ＮＰＯ法人等が社員に加入し貸付することも想定している。

②社会福祉連携推進法人

資金の貸付を承認する理事会・社員総会においては、「社会福祉連携推進評議会」が第三者の立場から意見を述べることができる。

③貸付先の社会福祉法人
重要事項（予算・事業計画・その他）を決める際に社会福祉連携推進法人の承認が必要となる。

## 4　今後の社会福祉法人のあり方

日本国民は今後もコロナウイルスとともに共存していくことを余儀なくされるものと想定される。社会福祉法人の経営者・職員並びに社会福祉法人の取引業者は、共に多かれ少なかれコロナウイルスの影響を受けながら共存していくことを余儀なくされるので、社会福祉法人はその経営基盤をよりいっそう強化していくことが必要である。

しかも、今後は生産年齢人口の減少、介護保険等単価の厳格化、利用者や地域の福祉ニーズの複雑化・多様化、地域福祉の維持・発展が重要な課題となる。

しかしながら、そのような経営環境下においても、いまだに旧態以前とした護送船団方式（親方日の丸方式）の経営感覚から抜け出せていない社会福祉法人の理事長がまだまだ少なからずおられることが懸念されてならない。

今後、社会福祉法人において経営の三要素であるヒト（人材力）・モノ（施設設備）・カネ

（資金力）のいずれかが不足していると認識した場合には、法人間連携・合併・事業譲渡・社会福祉連携推進法人（以下、「事業連携等」という）のいずれかにより、不足している力を相互に補完し合うことが必要となろう。

その補完策として事業連携等のうちどの方策を選択するかについては、目的がまず何なのかを明確にすることが重要である。

目的を明確にし、次にそのための手段である事業連携等のいずれの方策が適切であるかを検討し選択することが必要となる。例えば、外部から講師を招聘し共同研修会を開催する場合には事業連携で充分である。

また、地域の社会福祉協議会の役員を自法人の評議員に就任していただき、自法人の経営方針や経営状態の理解を深めていただくことも重要である。その後、当該社会福祉協議会の職員を自法人の相談事業や学習支援等に派遣していただくことで専門知識を活かした職員により地域福祉に貢献できることも想定される。

ただ、資金の貸付・繰入要請を他の社会福祉法人にお願いしたいと考えても、法人外貸付・法人外繰入は厳禁である。そこで、合併または事業譲渡のいずれかの方策を選択することで同一法人内貸付・繰入に切り替えることが可能となるが、果たして何の繋がりもない法人とそのような方策が可能だろうか。経営方針や給与水準の異なる社会福祉法人同士が、それらの壁を乗り越えて合併・事業譲渡に持ち込むためには壁が高すぎると言える。

そこで、その前段階として、社会福祉連携推進法人の社員に参画することで、その後に合併・事業譲渡（譲受）に展開していく道も想定される。

また、A社会福祉法人の理事長に適切な後継ぎがいない場合、甲理事長がB社会福祉法人の乙理事長に理事長職交代の打診をし、乙がA社会福祉法人の理事長に就任した場合には、その後の事業連携等が容易くなるものと想定される。

究極の選択は、あまり想定したくないだろうが、資金力のある協力業者（一般企業）等に対し、自法人に余力のある間に理事長職交代のオファーを提示し、一般企業からは資金の貸付や繰入（寄附金支出）は可能であるので、当該法人から資金の支援を受けることも選択肢の一つであろう。

別の側面としては、（独）福祉医療機構の貸付先社会福祉法人のうち、約3割がPLで赤字法人とのことで、年々赤字法人は増加傾向にある。それゆえ、今後ますます事業連携等を模索する法人が増えると予測される。

いずれにしても、経営環境の変化に対し柔軟に対応できるよう自法人のよりいっそうの経営基盤の強化が望まれる。

第５章

# 社会福祉法人は営利法人の経営を学べ

【編者コメント】

本章の筆者は、一般企業の幹部社員として長年勤務し、その後、非営利組織に迎えられ様々な経験を積まれてきた。そうした経験をもとに組織経営の在り方について実例を引きながら厳しい提言をしている。

## 1　営利法人の経営と経営理念の実践

### (1) はじめに

令和2（2020）年は新型コロナウイルス感染が世界的に拡大し、かつてない混乱が続いていた。

医療関係者、介護を担う人達のご苦労は、想像以上であり、一日も早く終息に向かうことを祈るばかりである。

非常事態の時こそ、通常の何倍もの力が必要であり、全員が支え合い、思いやる心が必要である。組織を支えるのは、皆さん一人ひとりである。一丸となって難局を乗り越えたいものだ。

### (2) 筆者が最初に入社した会社の経営方針

時代は流れ、環境は大きく変わっていく。高度成長の時代を生きた私たちの年代は、厳しい環境下で懸命に努力をした。今ふり返ると、いつの時代にも変えてはならないことと、変えなければならないことに分けられる。

激動の時代の真実は何であったかを振り返ってみたい。

①タイムレコーダーがない

大学を卒業して入社した会社は、タイムレコーダーが無かった。定年までの35年間、一度も打刻した経験がない。

社員の管理手段に大切なことが隠されていた。昭和40（1965）年、希望を胸にふくらませて入社式に臨んだ。保護者同伴で、筆者は母親が出席してくれた。100人を超す新卒と同伴者で熱気ある入社式となった。昼食が用意され、なんと家族的なホットな会社だと内心喜んだ。何よりも、社員第一であることが窺えた。会社を支えるのは社員であることが、社長の挨拶で熱く語られた。

タイムレコーダーが不要なことの根底には、社員を信頼する心があった。だからこそいろいろなことができ、それが社員を成功に導いた。1か月ごとに職場単位で業務成果がチェックされ、人事部に報告されることになっていた。

始業前に社員は出勤し、それぞれの段取りする習慣ができていた。政府の持ち出した働き方改革がこの時代にできていた。残業は少なく、それ以上に社員の士気が高く、いろいろな手段が想像以上に上手く回転していた。

②社長とうどんを食う会

昭和42（1967）年、第一回の「うどんを食う会」が企画され、若手社員が出席し開催された。座談会前に出前のうどんをいただき、和やかな中に座談会はスタートする。社長に本音がぶつけられ、驚きもあったが、若手は遠慮なく職場の至らないことなどを熱く語った。終わると、社長と社員は、ホットラインで結ばれることになった。笑いの渦もあり、満足そうな若手には喜びの笑顔が見られた。20年以上続いた座談会は、社外にも伝わり、ユニークな企画で本音が語られていると讃辞を頂いた。

③経営方針発表会

昭和44（1969）年の年初に、全社員を集めて、社長から年度の経営方針が発表されることになった。短期と中期に亘る方針の下で、会社の施策が打ち出され、社員の行動指針も示された。前夜眠らず原稿をつくり熱く語られる社長に全社員から、拍手が起こり、社長を讃えた。

永年勤続と優秀社員の表彰も行われた。優秀社員表彰は一人ひとりの推薦状から受賞にふさわしい文章を作り、手渡された。額も特別に製作され、飾られるように工夫もされていた。「褒めることも経営の神髄」であるように、社員の意欲を向上させることに役立ち、喜んでもらえた。

④誕生日カードと中元と歳暮

社長から社員の誕生日には記念品とカードが届けられた。社長が一人ひとりの名前を自筆され思いを込められた。大切な社員の誕生日に、何よりのプレゼントとなった。社員が懸命に働けるのは、家族の協力のお陰である。中元と歳暮が家族にも送られた。家族からは、数多くの礼状が寄せられた。社長が読まれた後に人事部に手紙が届いた。社員は、感謝し、社業発展に協力することは言うまでもない。好循環が続き、業績のよかった年には賞与が4回支給されることもあった。

⑤経営の神髄

筆者の勤めた会社では経営の神様と言われた、あの松下幸之助氏の教えが基となった。規模は小さかったが、社長は教えを実践された人であった。大型合併により社名は消えたが、売り上げ規模は総合商社を除き世界一となった。苦労を苦労と思わず、恵まれた環境で定年を迎えたが、実によい会社に勤務できたことに感謝の心を忘れはしない。

35年の勤務の中で、社長の経営の神髄は随分、筆者に興味をもたらせてくれた。いろいろとメモを残している。経営の神髄は何か。考えてみたい。

経営の三大要素は、人、物、金といわれる。設備や機械は、人の求めるままに動いてくれる。人材は、必ずしも経営トップの意のままには動いてくれるかどうかは、何ら保証されるものではない。原点は、人材をどう動かすかにかかっている。動かすことができれば、経営の神髄となりうるわけである。人は、「認める」「任せる」「褒める」のプロセスを実現してこそ動かすことができる。中でも、人は認められることがエネルギーとなり行動することになる。いつの時代も、人は疎外感や孤独感をもって生活すると精神は簡単に壊れてしまう。人は体に栄養を与えるように心にも栄養を与えることが必要である。

仕事人として心の栄養は、多くの人との交流、読書等を通じて成功したり失敗したり、感激、感動等、様々なことの繰り返しの中から人としての成長の体験を重ねることで、真の栄養となり、一人前に成長していくことになる。

社長は社員のことを思いやり、信じていつも社員と共に歩むことで安心感、満足感が生まれ、努力が認められてこそ、嬉しい心は何にも変え難いこととなり、思っているよりはるかに大きいエネルギーとなるのである。

優秀な企業は、例外なく社員の限りないパワーというか、エネルギーを出せるよう方向づけられている。給与や福利厚生を良くすることで満足して働いてくれることは少し違うようである。認められる、任される、褒められる。この3つの側面が、環境を良くし、職場のメンバーが切磋琢磨していくことで、大きなエネルギーとなり好循環になっていくことになる。燃える集団になれば成功といえる。

平成4（1992）年、会社のスローガンに『自らの力で環境を創る』が打ち出された。当時支店長の筆者は、

◎環境が変われば心が変わる
◎心が変われば行動が変わる
◎行動が変われば習慣が変わる
◎習慣が変われば性格が変わる
◎性格が変われば運命が変わる

支店スローガンは、

「幸せを感じられる支店づくり」

管理しない管理されないいきいきとした活動を打ち出した。

環境を変えると口では言えるが難しい挑戦といえる。自らが環境を変えることには勇気がいる。

環境は人がつくり、人は環境によって創られる。環境づくりを組織的に第一義におき、運命が変わるところまで追いつめて行けば理想の組織となり得るだろう。

## （3）人材登用の考察

時代は遡って、1941年のドイツの参謀本部の人材登用基準がある。人材登用の参考になるので紹介する。

第一位　能力はあるが意欲のない者
　意欲が無いので成長志向も安定志向も向く、能力がある者は重要な仕事を見抜くので、意欲が乏しくともちゃんとできる。

第二位　能力も意欲もない者
　他人に任せるから安心できる

第三位　能力も意欲もある者
　成長志向の組織のトップ、前線指揮官、技術開発の研究員向きである。

第四位　能力がないのに意欲がある者
　自分の誤りに気づかずやたらに頑張ったり、出来もしない仕事を一人で抱え込んだり、全体の調和を知らず、自分の部や課のことだけをやかましく言う一番危険な人間。

組織づくりと人材育成登用の参考になる。

第四位の能力がないのに意欲がある者は最下位にあるが、面接基準で最上位になっていることはないか、何で能力を判定していくか、課題もあるが検討することが望まれる。

第一位の能力はあるが意欲のない者は日本型では疑問を感じる。登用の際は職場の観察記録等を冷静に分析し、思い切った登用に踏み切ることが重要である。

第二位の能力も意欲もない者がランクされている。日本型は特にこのランクは嫌われるケースが多く、面接時に不合格となっていないか、一連の観察の大切さを感じる。

第三位の能力も意欲もある者。この人材を最上位とするケースが多い。どこに配属するかで生きるか死ぬかと難しい課題である。面接結果を見てもこの人材を揃えていくことに満足感を抱いていることに反省がいる。自他共に優秀な人を多く集めれば成功といえるかどうかが反省点となる。

優秀な人を多く集めることにより、将来に問題が発生することが予想される。登用で特に昇進昇格は、配属先の評価の積み重ねであり一律登用はできない。したがって不満を生むことになりかねない。人物評価の充実と職種別の配置に少なくとも中期にわたっての検討が必要である。

昭和52（1977）年、第2次オイルショックの採用前線に大混乱が起きた。国公立をはじめ有名私立大学生2000人の応募があった。毎日残業をして、50名の採用に全力を挙げた。採用時の激務がサラリーマン生活で一番過酷であった。特に国公立出身者に落伍者が多く出た。大学で採用することの反省がある。現在の社長もこの年の激戦を勝ち抜いて誕生した。

（4）人材の育成について

①必要な人材の種類を明確にすること

急成長思考か安定志向か、野武士型か官僚型か、この両方をミックスしたものか。

②よい雰囲気をつくる

誰でもどんな意見でも出せて、その意見が伝わりやすく、良い意見だと分かればすぐに実行できること。立場の議論を決してやらないことが大切である。他組織の助言権を認め、執行権を行使することが組織長の基本的任務とすること。

③有能な人材には好きなことをやらせる
新しい事業は夢で始まり、情熱で発展し、義務感で完成する。好きなことをやらせる人には、夢と情熱、義務感が重要であり、中でも義務感が強い人が望まれる。

④さらに、知識は客観的に、倫理は主観的が望ましい
登用と人材育成ということで、その一側面を見たが、法人にあってはこれらを実践できる能力のあるスタッフが必要と思われる。運用には相当の力量が求められる。冷静に現状を分析、将来を考えての視点と合わせて研究が必要と考える。

## ２　筆者自らが経験した非営利法人での「成長と没落」

### (1)　拡大路線の落とし穴

平成12（２０００）年介護保険が施行された年に筆者は、医療法人と社会福祉法人を運営する法人で働くことになった。数十年のうちに次々と施設が立ち上り、病院3か所、老人保健施設6か所、介護看護のトータル施設、隣接地には社会福祉法人が設立され医療福祉、介護と集合的な運営がされていた。後には学校法人ができ、看護大学も設立された。同じ理事長が3

法人とも就任し、介護も導入されてトータルの運営が軌道に乗ってきた。浅い歴史の中で、県下でも屈指の規模を誇るまでに繁栄した。

さらに、医療法人を核に、株式会社が3社設立された。医療、福祉、学校、会社とトータルで次々に拡大が続けられた。経営を継続していくためには、拡大を支える人材ができているかが重要なポイントである。意思疎通のための経営幹部、管理者の会議も催されたが、急成長のヒズミが出るようになってきた。施設運営、人材の育成、管理監督者は急成長に応えることが難しいところが露呈されるようになってきた。カリスマ経営者は更なる夢に向けて全力を尽くす。人材育成も熱心で六甲山に研修所ができて、階層別に教育が実践され、職員の士気を鼓舞した。

組織拡大は悪いことではないが、立ち止まることができない環境へと変わっていくことになる。現状維持は衰退になる諺の通りである。拡大するためには資金が必要である。財務の内容にも拡大の資金により、負担が増してくる。急成長するためには優秀なスタッフが揃っていることが必須条件であるが急成長には落し穴がある。特に意見交換することがなく進んでいくことになり一番の課題になった。人間一人には限界がある。幼い頃から神童とも呼ばれ、頭の構造が違うと自負されることの中であらゆることが成功できるという自信ある行動だった。結論を出すまでに、スタッフや周りの人に意見具申を求めることは皆無であった。言われたことをするだけでは受身となる。自由な活動も限られてくる。こうした環境で継続には限界がある。落し穴に落ちることになる。職員の士気は著しく低下する。守ることだけに終始するようになっていく。順調に行かなくなると専門職に口出しが起こるようになってくる。すべてが判っているという錯覚が起こり、経理、総務、人事等も同じようなトップの一方的な介入が始まる。物差しは変わらないし、変えようともしないトップとなる。組織運営とは名ばかり一人の、絶対の力を有する経営者の手腕がすべてとなって、難しい経営に移行することになっていった。

### (2) 乗っ取りグループの出現

順調だった拡大路線もヒビが入ってきた。資金繰りにも不安が出てきた。考えられない資金の使途は不動産である。不動産情報のルートから法人を狙う怪しいグループの情報が寄せられるようになった。匿名の投書が県にもあったとのことで、県の調査が行われた。不動産購入目的や資金等の質問がされるが、的確な回答はできなかった。法人本部のスタッフも知らない不動産が多いのに驚いた。改善の指示が出たが、あまりにも多い不動産は何のために購入したか真意がわからない状況だった。拡大が悪いことではないが、あまりにも不動産が多く購入されているので、カリスマ経営者の夢は、我々の考える以上に大きいものであったと考えられる。優秀な頭脳の持主のトップは投資が日常活動に支障が起きることは百も承知のことであるにもかかわらず続行した。怪しいグループの出現で、止むを得ない状況に追いやられていくようになった。

相当以前から業界新聞に、病院の乗っ取りグループが悪事を働いていることが報道されていた。他の業界にはない事情があった。病院の経営者の経営姿勢を観察し分析し、巧妙に仕組まれた手段で病院を乗っ取る詐欺グループである。グループの行動には、我々には打つ手がない。ただ、情報を一元化して、毎日起こる事業を法人本部で把握することに努めた。首謀者は偽名で数人のメンバーが法人の施設に入って来る。

施設の担当者は何が起こったかわからないままに言いなりになって時間が経過する。グループの一つであった社会福祉法人の特養に突然、やってきて、「今日からこの施設を運営することになった」と告げる。驚く担当者から悲鳴があがった。

次々に法人の施設に被害が出てくる。株式会社が経営する介護付き老人ホームでは、電気とガス会社から代金が支払われていないのでストップをかけると連絡が入る。介護報酬の入金ルートが、詐欺グループにより口座変更されているため、支払不可能となっていた。運営する施設のスタッフの経験不足等から3社の会社のうち2社が倒産し、被害額は数十億円にのぼった。

医療法人では、人事課長の募集と医師募集において、グループの一員とみられる者の応募があった。巧みに隙間をぬって、情報入手を続けるグループの全体像がなかなか把握できないため、毎日の業務遂行に支障が出て、苦しい環境下に追いやられた。

医療、学校法人にも、同様の事案が起こった。情報を本部に一元化して対応することにしたが、怪情報は続いた。思わぬ人から、手形の問い合わせが続いた。不動産購入に係る手形乱発だった。この段階では、カリスマ経営者は、乗っ取りグループの操縦のもとで起きていることがわかり、どうしようもない状態だった。

その後筆者は、福岡地方裁判所に証人尋問で呼ばれた。この事件は、地方の単独事案と予測していたが、裁判の結果、この事件もグループの一人の仕業だったことがわかり、愕然とした。全国ネットのグループ事件だった。

法人は、次々に起こる事案から、新体制をスタートさせることが決まった。理事長に就任したのは、基幹病院の副院長だった。新メンバーにより体制を強化し、新しいスタートを切った。

新体制になって数日後、法務局に謄本を取りに行ってチェックすると、理事長が交替していた。カリスマ経営者が再び理事長の座についていたのである。緊急事態であり、主要先に連絡をした。法務局を訪問して、なぜ、理事長の交代が可能なのかと問い詰めたが、その回答は、理事長が法務局に出向き、理事長就任に必要な書類が揃っていれば、受付することになる。もちろん、偽造の社員総会と理事会議事録の中味のチェックは必要もないし、偽造かどうかは、チェックできない。必要書類が揃っていれば、理事長の交代は可能であるとの法務局の見解だった。この手口についても、グループの詐欺師の悪知恵だった。

裁判所が理事長代理を公募、弁護士が代理理事長に就任し、決着には、10か月の歳月が必要だった。日常業務のチェックは代理理事長の事務所の担当者があたった。必要書類には、正体不明の理事の名前が掲載されていた。真に偽造議事録であった。この事業と手形乱発等の罪で県警のプロジェクトチームが結成され、法人本部で十数本の供述調書が作成された。このままでは、被害は増すばかりである。

一連のグループの活動を抑制するため、カリスマ経営者が、逮捕されることになった。テレビと新聞に大きく報道されたため、グループの面々は一斉に逃げて行くことになった。その後、刑事事件として裁判が実施され、数か月後には刑が確定した。

一連の事業は、医療、福祉、学校、株式会社を所有したカリスマ経営者の公私混同と、夢の追求、名誉欲から発生したものであったと思う。小さいことが、積み重なり、大きい事案となってしまった。この間、職員をはじめ、関係者の方々に大きな不安やご心配を掛けて事件は終息へと向かった。

新体制による経営再建で、職員の絆は強くなった。それぞれのポジションで努力が続けられたが、経営が軌道に乗るには2年の歳月が必要だった。しかし、この軌道は狂いはじめた。新理事長になって、数年経過すると、次々に改革と称して、人事異動、交替が断行されるようになってきた。「田植の経験のない者は、田植をする人の本当の気持ちがわからない」とはまさにこのことである。恐ろしい乗っ取りグループの脅迫や恫喝を新理事長は医療に専念していたので受けずに終わった。この事件の真の理解はできていない。

歴史は繰り返すと言うが、またまた公私混同が発生した。身内を法人本部に置いて、信用できるのは身内であると暴言を吐き、人事を実行した。昔の恩は忘れて、いろいろと自分の思うままに実行する。一番大切なことが忘れられてしまう。下からは、上の行う人事をよく観察しているものである。上に向いては意見も具申もやめてしまい、耳あたりのよい情報が横行する。公私混同を堂々と実行することは、許されることではない。小さなことと判断することが、間違っていることに気付かない。

乗っ取りに対抗し全力で闘った者の大半は非営利法人を退職した。最も重要な経理の担当者も全員異動となった。経験した人は不要ということだった。新体制は個々の仕事をこなすことに終始するだけで、組織の意見や具申のルートは消えてしまった。

病院の組織運営は遅れていると批判されてきたが、ここにも、また、組織運営をしないで済まそうとする経営者が存在している。歴史は繰り返す。誰のための経営なのかと問われれば、患者とその家族、そして職員とその家族、と即答できる経営トップであってもらいたい。経営は小さいことを毎日誠実に実行する職員の力で支えられているのである。いくら能力があっても一人ですべての人の仕事ができるわけではない。温かい心で、皆さんのお陰で毎日があると堂々と宣言することのできる経営トップであってほしいものである。

拡大を続け、多くの施設を短期間にやり遂げたカリスマ経営者は、夢半ばで身を切って、現在は県外の病院で働いておられるとのことである。運営能力は素晴らしかった。その馬力も、先見性も、判断力もと次々に秀でたことが語られる。施設は、後継者が受け継いでいく。悪事さえなければ、終生創業者で君臨できたのにと後悔する。途中で創業者を終えることは、我が身を切ることである。自他共に悲しい出来事である。創業した人が一番の苦しみを克服してきた人である。偉大な人であったのだから。創業者が終生、共に働くことのできる法人であってほしかった。

### (3) 時代が変わっても変えてはいけないこと

変えていかないといけないことが多くある。しかし、変えてはならないこともある。それは社員・職員をないがしろにしないということである。リストラをして合理化、効率化に進もうとする経営者。大切な職員が犠牲になることを軽く実行する。職員には責任はない。責任は経営者が負うべきである。ほとんどの経営者は責任をとることなしで責任は職員が取らされる。

一度でもリストラが実行されると職員の忠誠心は消え去り、残るのは不安不満である。輝かしい過去の栄光は忘れ去られ、職員の前途に灯が消されてしまう。組織のエネルギーは消えてしまい、生活のために仕方なしに嫌々勤務することになる。不安な生活の中では物事を前進させるエネルギーは湧いてこない。

筆者が最初に就職した会社は、１００年の歴史の積み重ねの中で、リストラは一度もなかった。35年間勤務させてもらった会社は大型合併で社名も消えてしまった。合理化、効率化と称してリストラが繰り返される。職員のエネルギーは消えてしまい、以前は「幸せな会社だった」と語られる会社はもはや繁栄から離脱した会社である。しかし、素晴らしい経営者と讃えられ、幸せな会社と語られる会社、それを支えたのは職員である。これからの時代も職員が会社を支え、時代を築いていくことに変わりがない。職員の心が何よりも経営を支えていることを経営トップに知ってもらいたい。職員第一の経営環境になることを祈るばかりである。

# 第6章
# 政治を動かし福祉を前進させる
## ――選挙を通して福祉の自己主張――

【編者コメント】

本章の執筆者、西川全彦氏は、社会福祉をレベルアップするには政治が社会福祉を広く深く理解し立法や予算措置で力を発揮するような環境を創り出さなければならないとする強い信念をもって、それを実行されている。その一端を具体的に記述していただいた。

## はじめに

令和2（2020）年2月頃から今年にかけて、新型コロナウイルス感染症の世界的なパンデミックにより、我が国もコロナ禍の中で、政府は戦後初めて1年間に緊急事態宣言を2回も発令したが、この時点では猛威を振るっている。

しかし、先進国の中では新型コロナウイルスによる日本の被害は、他国に比べ感染者数・死亡者数は一桁・二桁違っている。考えられる理由として、①保険医療システムが充実し、特に高齢者の基礎疾患が日頃よりあまねく管理されている。②清潔観念の徹底と個々人の日常の健康管理、下水・公衆衛生の整備がされている。③公的助成による小児ワクチンと高齢者の肺炎球菌ワクチンの徹底などによる獲得免疫の恩恵―と言われている。一方、史上最高の予算規模が編成される中、2021年度当初予算案における社会保障関係費は微増にとどまった。

### 1　人口の半分4600万人が独身に…20年後「超独身大国」日本の恐るべき実像

世界中で約2億人の未婚男性が余る。[(1)] 他方では、今後の少子高齢化の人口動向、あるいは新型コロナウイルス対策による財政悪化などを踏まえると、財政再建と社会保障改革は待ったなしと思われる。ポスト社会保障・税一体改革に向けた道筋を示すことが政府に求められる。また、社会移動による東京都への女性偏在は一気に加速しており、平成30（２０１８）年、令和元（２０１９）年と東京都の転入超過人口の7割が実は「20代前半世代人口」であり、20代人口だけで男性の10割超（中高齢で転出超過のため10割超となる）、女性の9割を占めることから、大学進学や子育て世帯の移動というよりも、圧倒的に大卒新卒、または大卒・高卒後の転職といった就職関連の転居で東京一極集中が起こってきたことが示されている（総務省の「住民基本台帳」月報より作成資料より）。令和２（２０２０）年のコロナ禍でも雇用流動性の比較的少ない女性が多く東京に残っている。地方の過疎化にとって、産む性の減少を加速することになり、由々しき現象である。コロナ禍で浮き彫りになった日本の女性雇用の問題点の一つは、子育ての負担であり、日本では、コロナ禍で小さな子どもを持つ女性が非労働力化した。

その背景には、子育て負担が女性に偏りがちであることが挙げられる。長期的にみて労働力が不足するなか、いま一度、ジェンダーの在り方を国を挙げて、考えていく必要があり、法的にも保育施設にも柔軟性が肝要である。

これからは、超少子化が世界的に恐るべき潮流となり、後生の人たちはよく理解しておくことが肝要である。次頁図の円グラフの右側が独身者である。２０４０年には15歳以上の人口

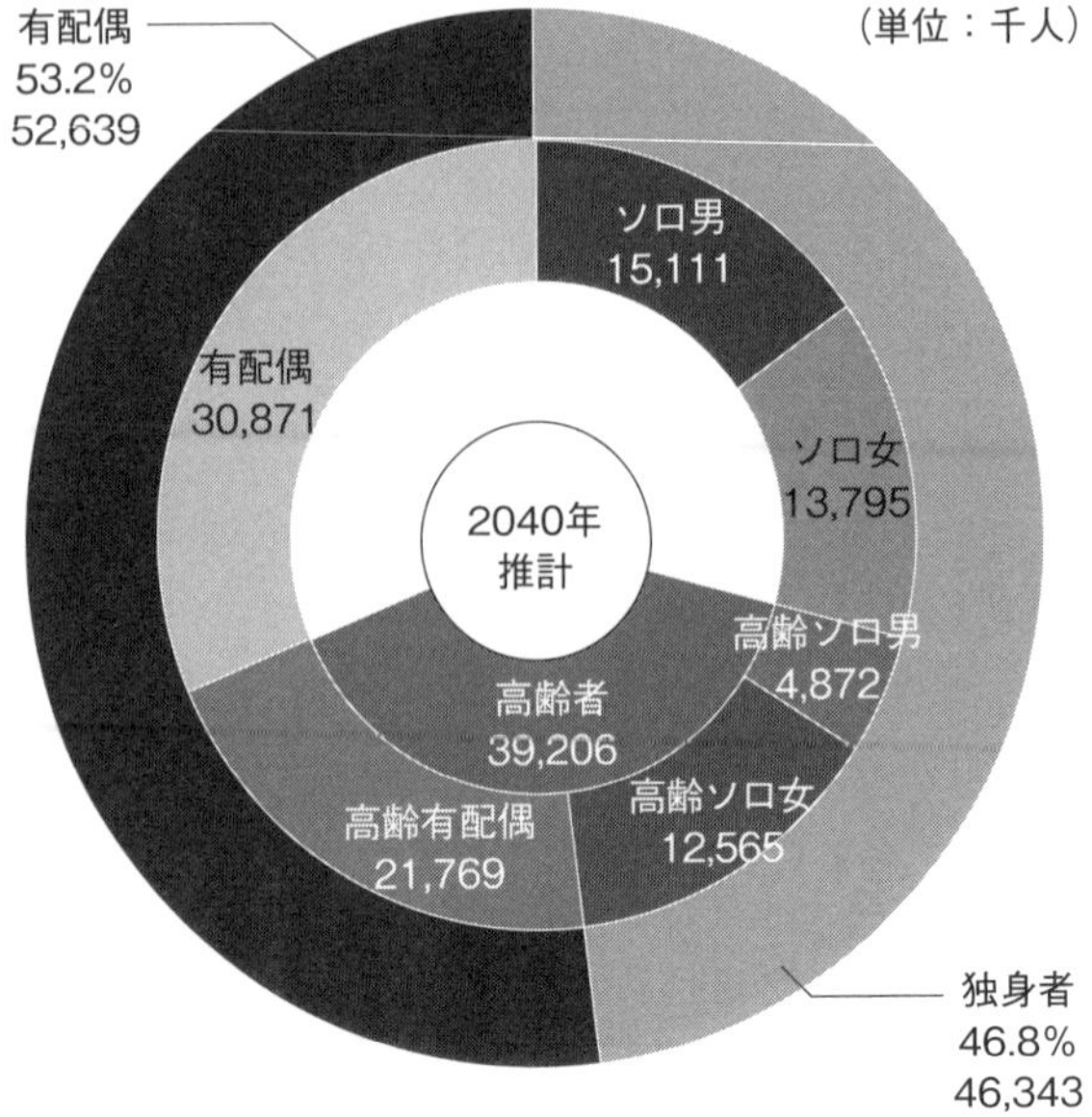


日本は高齢者より独身者が多い国へ
（2021/01/22　PRESIDENT Onlineより引用）

が約１億人で、うち独身が４６００万人、有配偶が５２００万人ということだ。

日本は超高齢国家と言われているが、高齢者人口は３９００万人。３９００万人の高齢者よりも独身の４６００万人のほうが多い。

世界的に人口減少になれば、介護や看護などの公共サービスを提供するために、海外からの人材受け入れが今以上に不可欠になる。

一人っ子の多い中国が人口減少国の仲間入りをすれば、大量の移民が介護要員として中国に流れる恐れがある。国を維持していくのに海外からの人材は不可欠な存在になる。「移民したい国＝Japan Dream」になれるかどうかが、今後の経済成長のカギを握っていると言っても過言ではない。先般マスコミを騒がせた元首相で東京五輪・パラリンピック大会組織委員会前会長のような女性蔑視発言をするようでは諸外国から移民は来てくれないし、外国人労働者を冷遇する国はますます移民争奪競争に置いて行かれることになると想像される。現状でも、少子化により各養成校への就学者数が激減しており、当然各施設自身の人材確保は難渋している。これから年を追うごとによりいっそう厳しいものとなるので、海外人材の受け入れについては、国民一人ひとりが寛容と多様性を重んじ、政府自体が喫緊に取り組む案件であろう。

さて、社会福祉法人が設置運営している社会福祉施設は国及び地方自治体の税金と国・地方自治体が政令・条例等で定めた利用者の負担金で成り立っている。

施設の設置基準等も法律で定めており、特に私立施設職員は必要十分な処遇とはなっていない。ということは江戸時代までは士農工商という身分制度があり、侍以下は―生かさぬよう、殺さぬよう―という考え方で統治されており、明治維新以降150年経過したとはいえ、霞ヶ関の官僚は、自分の禄が一番で予算査定をしている。

戦後、普通選挙が施行され、国会議員・地方自治体の首長・議員が選挙で選ばれるようになり、選挙の度に政治資金を寄付し、選挙運動を協力・応援する支援者が政治家から重宝がられることになった。

ここで、筆者が体験・実践してきた事例を3つほど紹介させて頂く。

## 2　姫路市長選の応援活動と予算の確保

第一は、昭和58（1983）年の姫路市市長選挙についてである。前の吉田市長に2回ほど先輩に相伴させていただき、陳情する機会があったが、市長から保育所は機関委任事務であり、本質的には国の仕事で、市はその下請けでしかないということを言われた。当該の市長が辞意表明され、昭和58（1983）年4月に市長選挙が施行されることなった。

その前年昭和57（1982）年5月の連休に立候補を予定されている戸谷松司兵庫県副知事を旧制中学の同級生で、保育所理事長であった故 嵯峨山昇次氏から紹介された。戸谷氏の実弟 戸谷源由氏と筆者の19歳年長の兄が同級生であり、宝殿駅から一緒に姫路の旧制中学へ通学した仲であった。戦前、駅前で旅館をされていた彼らの母上から幕の内御膳を御馳走になったことを長兄から時折、昔話として聞かされていた。

千載一遇のチャンスと捉え応援しようと思い、時を置かずして戸谷副知事の令夫人をお連れして、戦後初の民選市長であった故 石見元秀氏宅へご挨拶に赴いた。翌年の6月の後援会発会式には、60人ほどの職員を受付要員として動員した。その後、60回程度 令夫人同伴で個人集会を行い、翌年1月の厚生会館での1万3000人の決起大集会には、150人ほど職員を受付要員として動員し、当時、選挙運動での組織動員力は、市内では一番だと自負されていた星住や寿の会長率いる市連合婦人会の動員を若さで圧倒した。もちろん 選挙期間中の個人演説会にも多くの保育所関係者に呼び掛け、各会場に動員した。戸谷氏が市長当選後、果実の一つ目として、現社会福祉医療機構からの借入金の利子の一部助成、二つ目として歯科嘱託医師の配置、その経費助成、三つ目として「県立子どもの館」敷地を鹿島建設より買い上げ、土地造成を市で執行し、兵庫県に無償貸与した。

## 3　衆議院選挙への関わり

第二に、筆者は、中選挙区時代は兵庫旧3区で育ち、旧4区の姫路市の衆議院選挙区情勢は無知であったので、当時の白鳥校区連合自治会長の推薦される旧大蔵省出身の代議士を10年近く後援し、森喜朗氏が自民党実力青年代議士として応援弁士で来られたときも会場では一番多く動員した。

しかし、昭和58（1983）年から社会福祉法人日本保育協会兵庫県支部長として、自民党本部において全国保育関係議員連盟との予算対策会議に出席したが、前述の代議士は議連の会員ではなく、後に厚生大臣を歴任された戸井田三郎代議士が会員であった。地元で、軋轢を生まないように手続きを踏んで、故 戸井田代議士を個人的に後援することにした。その後、旧4区の盟友たちとともに、故 橋本龍太郎首相の選挙区であった地元倉敷の保育所の後援会「育龍会」を模して、「育三会」を結成し、応援することにした。

昭和61（1986）年の総選挙から旧4区内を民間保育所から福祉施設まで支持依頼に順次回らせて頂いた。以後、筆者の県保育協会副会長・会長時代には、歴代の厚生省母子福祉課長（現 保育課長）や児童家庭局長等の霞ヶ関官僚を戸井田事務所通じて、神戸や姫路に招聘し、当時の副知事・市長との面談の機会を設けた。また、東京へ出張した際に、戸井田先生の事務所に、故 三木 充典・故 嵯峨山 靖 両氏と訪問する機会があった折に、先生は留守で秘書の方が橋本龍太郎先生はおられるということで、議員会館の橋本事務所へ案内され、事務所の小さな応接室で、先生の傍に座って懇談したことをよく覚えている。席に着くなり、橋本先生は、「君どう思うかね」と前後の話も分からないのに思いこみで尋ねられた。強引に独りよがりでものを言われるのも日本国総理大臣になる器の一つなのかもしれないと思った。平成8（1996）年1月に内閣総理大臣（第82・83代）になられた。

昭和61（1986）年9月に、当選祝いを育三会で開催した折りに、戸井田代議士より筆者に東京青山にある「こどもの城」を 姫路に誘致したい旨の耳打ち発言があり、その翌日から前市長の石見利勝氏の実弟 満寿太氏（松本十郎 派）と働きかけを始め、早速戸谷市長にも土地の貸与のことで陳情し、紆余曲折を経て、設置できた。なお、「子どもの館」館長には、三代の内、二代は本庁の児童福祉課長を歴任された方が着任され、筆者親子で尊敬していた武庫川女子大学名誉教授大塚歌子先生がその間に着任された。

戸井田先生が党の社会部会長時に、党本部の手狭な会議室で全国保育関係議員連盟所属の国会議員の先生達の朝食会場において、国の保育予算のお礼を代表して述べる機会があった。元衆議院議長桜内義雄氏はじめ衆参議員本人、代理の方も含めて、１６０人以上出席され、後年第80代内閣総理大臣に就任された羽田孜先生から「腹が減っているから早く切り上げてくれよ」と、すぐ側で冗談か、本音かどうか分からないが、言われた言葉が脳裏に残っている。

思い出すのは、戸井田先生が選挙中に急逝される前に、早朝筆者の施設に電話があり、「前市長の戸谷さんが西川君に今回の選挙運動を頼んでおきなさいとアドバイスをいただいたのでよろしくお願いする」と言われたのが彼との最後の直接の会話であったと記憶している。

## 4 知事選挙を応援

最後に、前記の地元首長・国政の2選挙の余勢を買い、知事選挙の応援もさせて頂いた。最初に選挙の5か月前に、姫路市長（元同僚の副知事）に紹介してもらい、候補予定者の貝原俊民副知事を支援するため、兵庫県保育所団体を本人に認識してもらうことが必要であり、5月に懇談した。6月には県下の保育所の政治団体として、①兵庫県保育推進連盟、②兵庫県社会福祉政治連盟、兵庫県福祉議員連盟（初代会長 故鷲尾弘志氏）を矢継ぎ早に立ち上げ、後援体制を整えた。

それらの立ち上げの①・②主催として、8、9月に「貝原氏を励ます決起集会」を明石市内で、開催することにご協力・ご手配をいただいたのは、故小室豊允姫路獨協大学学長、元県社会福祉協議会事務局長塚口伍喜夫両氏には大変お世話になった。

当選されたあくる日に県保協事務所へ当選御礼に来られた貝原氏から、筆者に当日9時過ぎに連絡がありましたので、時間的にとうてい間に合わないので、谷村誠氏に無理やり・強引に懇談のアポイントを依頼し、1週間後に、六甲荘で、保育協会役員と会っていただき、最初に民間の各保育士に研修費（すくすく子育て）手当という助成を獲得し、最後には民間施設職員処遇補助金となり、県の協会長就任時には子育て相談電話事業名目で200万円だけの県単独助成金であったが、8年後の会長退任時には各市町の助成金も併せて、6億円前後にもなった。

処遇改善手当助成の経過については、2代の県民生部長にお世話になった。前述の戸井田先生が厚生大臣就任時の平成2（1990）年2月18日に、衆議院議員解散総選挙があり、我々姫路市では前月の1月27日に「花北市民ホール」で、励ます会を開催した。その3、4日後に当該部長から連絡で、2月9日に市文化センター大ホールを予約しているので、励ます会を開催してほしいとの依頼があり、急遽開催し、定員1800人のところ、900人動員し、何とか格好がついた。当該部長は、その年の12月に赤穂市長選に立候補されるため、退職された。後任には、淡路県民局長のS氏が着任されたが、厚生省官僚との人脈はそれほどなかったと思われる。着任早々上京され、挨拶回りをされたときに幹部職員から長尾立子氏（元法務大臣）の参議院議員立候補に関わる兵庫県の福祉施設団体（県福政連・県保推連）の自民党友費・党員費の集金力（1、300～1、400万円）が多かったので、大いに感謝をされたとのことであった。故鷲尾弘志先生の県議連のご協力だけでなく、種別の政治団体の集金力のお陰であり、過去も現在もこのような政治活動はしておらず、この時機だけだったのではないかと思う。

選挙動員の極めつけは、知事選二期目の個人演説会を姫路市民会館で兵庫県社会福祉政治連盟と兵庫県保育推進連盟が共催し、西播磨地区（現 中播磨・西播磨 両地区）の1町を除いて、4市20町の首長を来賓として雛壇に招聘し、収容定員800人の大ホールに1400人程の神戸市内の施設関係者及び県下各地からの関係者を動員できたことは壮観で、県内の施設福祉の動員力を見せることができた。

貴重な選挙のアドバイスを、明治36（1903）年生まれの金井元彦元兵庫県知事（当時県社協会長）から「選挙の応援は、被選挙者から、これだけ応援してくれ、もっと応援してくれとハッパをかけられて選挙の中心で運動していると公職選挙法違反に問われる場合があるので、候補者本人が目で見えるところ、一歩下がって応援することが望ましいですよ」と言われ、多くの人に依頼する場合は、より注意深く選挙運動をしなくてはならないと拳々《けんけん》服膺《ふくよう》させて頂いた。

また、貝原知事には、毎年兵庫県保育大会には、筆者が会長としての任期中、八回とも出席して頂いた。知事の推薦で、平成2（1990）年12月の平成天皇皇后両陛下御主催の即位記念の京都御所での「お茶会」にご招待を受けた。他方 前述の元県知事の金井元彦氏の県民葬では、県下の福祉施設を代表して献花を行い、名実ともに保育団体として兵庫県に認めて頂いた。このことは、過去、県保育所連盟時代の20数年間は、県の保育大会には主賓として主管課長 否 係長級の出席ぐらいで、予算要望が実現する望みのない団体であった。

我が国は選挙民主主義の国体であり、選挙応援し、当選してもらうことは、国・県・市に一気通貫のパイプができ、16年間の県・市の協会長時には、姫路市は保育・介護施設数も県下では神戸市に次いで多かった。すなわち動員数もある程度見込むことができ、筆者自身当時は30～40歳代前半で、同年輩の盟友の御陰もあって、頭上作戦通り、万事上手くいって大変幸運であったと思っている。以後、県保連の立場もよくなったものと考えている。

しかし、後生の方々には本コラムで筆者が前述した以上に、心して選挙を通じて地方から中央に大きな声を上げていただきたいと思う。

最後に、お世話になり、ご協力頂いた多くの先輩・同輩の方には厚くお礼申し上げるとともに、事例に出させていただいた市長・代議士・知事はじめ、鬼籍に入られた方には、慎んでご冥福をお祈り申し上げます。

（注）
(1) 人口の半分4600万人が独身に…20年後「超独身大国」日本の恐るべき実像　世界中で約2億人の未婚男性が余るー　144頁図参照（2021/01/22　PRESIDENT Online より引用）。

# 第7章
# 先駆的・試験的な試みがあってこそ福祉サービスの発展がある

【編者コメント】

本章の執筆者は社会福祉法人創設者の二世である。もともと、京都府立医科大学大学院で神経内科学で博士号を取得、その研究に打ち込むつもりであったのを社会福祉法人経営の道に引き込んだ責任は編者にもある。彼の発想は斬新であり将来を見据えた視点でこれからの介護福祉の方向を示唆している。社会福祉・介護福祉事業に新風を吹き込む一人になるであろう。

## 1　試験的試みを充実計画で

平成28（2016）年3月31日に社会福祉法等の一部改正する法律が成立し、公布された。それに伴い、社会福祉充実残額を算定する必要が生じた。福祉充実残額が算定され残額がある場合、5年の計画に基づいて再投下が必要になる。用途は、社会福祉事業、地域公益事業、公益事業において再投下しなければならず社会福祉事業は社会福祉法人が再投下事業を計画できる。その社会福祉事業として先駆的・試験的な試みを行うのがよいのではないかと考える。

社会福祉法人では、未来への投資が少ないのではないか。どこに投資をするかは法人が考えることであるが、建物だけを建てることが本当に未来につながるのだろうか。人材の育成、生産性の効率（AI、IoT、ICT）、自立支援などこれらの支援も未来に対する投資ではないだろうか。福祉業界はIT事業が大変遅れている。多くの福祉施設はデジタルトランスフォーメーション（DX）を行っていかないといけないと考える。デジタルトランスフォーメーションと聞くと難しそう、本当にできるのかと思われるだろうが考えずにできることをしていくだけなのだ。今は携帯がスマートフォンになっている。昔はガラケーと呼ばれる携帯だった。この変化がデジタルトランスフォーメーションというもの。だから、難しく考えずにできることから、今あるものを使ってうまく活用することが最善だと思う。

本章のテーマでもある試験的試みとは、先ほど述べたことを試験的に行い、ＰＤＣＡ（Plan, Do, Check, Action）を回していくことであると考える。実際に実行していきましょうと言われても、何を実行してよいか分からない。しかし、悲観することはない。福祉業界、それも社会福祉法人で実行している所は皆無に近いが、事例がないのであれば、自分たちで行うしか道はない。待っているだけでは、良いサービスが出来上がることはない。そして変革も起らない。そのために充実計画を利用していくべきだと考える。今、世間ではＧＡＦＡＭ（Google、Amazon、Facebook、Apple、Microsoft の頭文字を並べている）という言葉がよく聞かれるが、アップル以外の会社は２０００年前後に創業している。この時の日本はパナソニック、ソニーなどが日本を牽引していたと記憶している。

しかし、この20年で社会はどうなっただろうか。アメリカ企業はＧＡＦＡが市場を牽引している。しかもベンチャー企業が生活にはなくてはならないサービスを提供している。これらは破壊的イノベーションが起こり、短時間でゲームチェンジャーが起きたことを意味する。しかも、平成元（１９８９）年の世界時価総額トップ50には32社が日本企業であった。平成31（２０１９）年度の世界時価総額トップ50には日本企業が1社しか入っていない。しかも上位の企業はＩＴ関連の会社である。そして、日本企業の時価総額は、平成元年から平成31年度を比べても増えていない。ハイテク企業が世の中を、世界を変えていったということがわかると

## 平成時代の世界時価総額ランキング

| 順位 | 企業名 | 時価総額（億ドル） | 順位 | 企業名 | 時価総額（億ドル） |
|---|---|---|---|---|---|
| 1 | NTT | 1638.6 | 1 | アップル | 9644.2 |
| 2 | 日本興業銀行 | 715.9 | 2 | マイクロソフト | 9495.1 |
| 3 | 住友銀行 | 695.9 | 3 | アマゾン・ドット・コム | 9286.6 |
| 4 | 富士銀行 | 670.8 | 4 | アルファベット | 8115.3 |
| 5 | 第一勧業銀行 | 660.9 | 5 | ロイヤル・ダッチ・シェル | 5368.5 |
| 6 | IBM | 646.5 | 6 | バークシャー・ハサウェイ | 5150.1 |
| 7 | 三菱銀行 | 592.7 | 7 | アリババ・グループ・ホールディングス | 4805.4 |
| 8 | エクソン | 549.2 | 8 | テンセント・ホールディングス | 4755.1 |
| 9 | 東京電力 | 544.6 | 9 | フェイスブック | 4360.8 |
| 10 | ロイヤルダッチ・シェル | 543.6 | 10 | JP モルガン・チェース | 3685.2 |
| 11 | トヨタ自動車 | 541.7 | 11 | ジョンソン・エンド・ジョンソン | 3670.1 |
| 12 | GE | 493.6 | 12 | エクソン・モービル | 3509.2 |
| 13 | 三和銀行 | 492.9 | 13 | 中国工商銀行 | 2991.1 |
| 14 | 野村証券 | 444.4 | 14 | ウォルマート・ストアズ | 2937.7 |
| 15 | 新日本製薬 | 414.8 | 15 | ネスレ | 2903.0 |
| 16 | AT&T | 381.2 | 16 | バンク・オブ・アメリカ | 2896.5 |
| 17 | 日立製作所 | 358.2 | 17 | ビサ | 2807.3 |
| 18 | 松下電器 | 357.0 | 18 | プロクター・アンド・ギャンブル | 2651.9 |
| 19 | フィリップ・モリス | 321.4 | 19 | インテル | 2646.1 |
| 20 | 東芝 | 309.1 | 20 | シスコ・システムズ | 2480.1 |
| 21 | 関西電力 | 308.9 | 21 | マスターカード | 2465.1 |
| 22 | 日本長期信用銀行 | 308.5 | 22 | ベライゾン・コミュニケーションズ | 2410.7 |
| 23 | 東海銀行 | 305.4 | 23 | ウォルト・ディズニー | 2367.1 |
| 24 | 三井銀行 | 296.9 | 24 | サムスン電子 | 2359.3 |
| 25 | メルク | 275.2 | 25 | 台湾セミコンダクター・マニュファクチャリング | 2341.5 |

| | | | | | |
|---|---|---|---|---|---|
| 26 | 日産自動車 | 269.8 | 26 | AT&T | 2338.7 |
| 27 | 三菱重工業 | 266.5 | 27 | シェブロン | 2322.1 |
| 28 | デュポン | 260.8 | 28 | 中国平安保険 | 2293.4 |
| 29 | GM | 252.5 | 29 | ホーム・デポ | 2258.2 |
| 30 | 三菱信託銀行 | 246.7 | 30 | 中国建設銀行 | 2255.1 |
| 31 | BT | 242.9 | 31 | ロシュ・ホールディング | 2242.9 |
| 32 | ベル・サウス | 241.7 | 32 | ユナイテッドヘルス・グループ | 2179.2 |
| 33 | BP | 241.5 | 33 | ファイザー | 2164.1 |
| 34 | フォード・モーター | 239.3 | 34 | ウェルズ・ファーゴ | 2132.3 |
| 35 | アモコ | 229.3 | 35 | ボーイング | 2117.8 |
| 36 | 東京銀行 | 224.6 | 36 | コカ・コーラ | 2026.4 |
| 37 | 中部電力 | 219.7 | 37 | ユニオン・パシフィック | 1976.4 |
| 38 | 住友信託銀行 | 218.7 | 38 | チャイナ・モバイル | 1963.6 |
| 39 | コカ・コーラ | 215.0 | 39 | 中国農業銀行 | 1935.0 |
| 40 | ウォールマート | 214.9 | 40 | メルク | 1897.5 |
| 41 | 三菱地所 | 214.5 | 41 | コムキャスト | 1896.9 |
| 42 | 川崎製鉄 | 213.0 | 42 | オラクル | 1866.7 |
| 43 | モービル | 211.5 | 43 | トヨタ自動車 | 1787.6 |
| 44 | 東京ガス | 211.3 | 44 | ペプシコ | 1772.5 |
| 45 | 東京海上火災保険 | 209.1 | 45 | LVMH モエ・ヘネシー・ルイ・ヴィトン | 1762.8 |
| 46 | NHK | 201.5 | 46 | アンハイサー・ブッシュ | 1753.0 |
| 47 | アルコ | 196.3 | 47 | HSBC ホールディングス | 1749.2 |
| 48 | 日本電気 | 196.1 | 48 | ノバルティス | 1742.6 |
| 49 | 大和証券 | 191.1 | 49 | フォメント・エコノミ・メヒカノ | 1713.4 |
| 50 | 旭硝子 | 190.5 | 50 | ネットフリックス | 1647.5 |

注1：平成31年のデータはYahooファイナンス参照
注2：平成元年のデータはダイヤモンド社のデータ（https://diamond.jp/articIes/-/177641?page=2）を参照

（出典：https://media.startup-db.com/research/marketcap-global）

思う。この表でもわかるように日本は成長していない。だが、成長していないから諦めるのではなく、こういった時代だからこそ挑戦できる時代だと強く感じる。充実計画から期間5年で検証を行うプロセスを実行していくことが重要ではないか。5年計画の中でできること、できないことがはっきりわかると思う。まずは始めてみることが重要。できることがわかれば、再度計画を立ててプロジェクトを進めていけばよいし、できなければ5年の期間で終了すればよい。できなかったことに対して悲観することはない。できないということが分かったということは大変素晴らしいことなのだ。昔から日本は失敗が許されない文化が根強い。失敗を恐れずチャレンジしていくことが大事である。そのためにも充実計画で行うことが効率的であり、現実的であると考える。

行政としては、充実残額は、あまり残してほしくないお金だと思っているように推測する。補助金と無税で運営を行っている社会福祉法人であれば、必要以上のお金は還元するのが当たり前だと思っている。筆者もそうだと思う。

しかし還元の仕方はどのような形であれ、還元であれば良いと思っている。投資も還元に当たる。新しいことを行うためにはキャッシュが必要である。そのキャッシュはどこから出てくるのだろうか。株式会社であれば、株の発行、銀行からの借入等様々な方法がある。社会福祉法人も方法はあるにしても多くの額を借りるわけにはいかない。それは無税で補助を受けているからだ。そうであれば、充実残額を活用する方法が最善の手だと思う。

## 2　試験的試みとは

鉄腕アトム、ドラえもん、マジンガーZと聞くと皆さんがイメージするのはロボットではないだろうか。困ったらロボットが助けてくれる、困っている人がいたら率先して助けるロボット、小さい時にみた憧れのロボットとは、こういったロボットではないだろうか。現実的にこのようなロボットは今実在するだろうか。よく話に出るのが介護の人手不足をロボットが担うなどであるが、現時点では難しいと思われる。ロボットが働いて介護をして人間が管理をする、映画のような光景だが、実際に介護をするロボットを福祉機器展示会などで見ることはない。もしかしたら作製している企業もあるかもしれないが、ロボットという言葉に惑わされてはいけない。

電動車椅子、これもロボットだ。自動でとろみをつけてくれるドリンクサーバー、これもロボット。実際、家庭の中にもたくさんのロボットがある。自動で洗濯してくれる洗濯機、自動で掃除してくれる掃除機、自動で部屋を温めてくれるエアコン、これらもロボットである。

ロボットとは何か、それは人の時間を自由にさせ便利にしてくれるもの、これをロボットであると筆者は考える。なぜ、介護業界でロボットと聞くと機械が介護するものという定義になるのだろうか。それは、介護は人がしてこそ価値があると考えるからだと思う。筆者も同じ考えだ。しかし、そんな考えに引っ張られると人が人であるために何ができるのかということを考えなくなる。思考停止状態だ。自動化できることは自動化し、人でしかできない価値は人が提供すればよい。それは決して人が行う仕事を奪うことではないと考える。

試験的試みとは難しく考える必要はない。どれだけ人を楽にさせるか、そして今の世の中にあるものをうまく使うかが重要になる。DXは、新しいものを創造することでもあるし、今あるものをうまく組み合わせてデジタルにシフトチェンジしていくことでもある。皆さん、今携帯電話は何を使っていますか。大半の人はスマートフォン携帯だろう。昔は肩にかけていた携帯を使っていた。今も使っている人はいないと思う。時代の変化とともにデジタル機器も変化していく。一番世の中に浸透し使い方がわかるのがスマートフォン携帯ではないか。このスマートフォン携帯を現場に取り入れるだけでも環境は劇的に変わる。

実際に気になった3つを紹介しよう。

LINE株式会社と、エムスリー株式会社の共同出資により設立した合弁会社であるLINEヘルスケア株式会社が医療機関の検索・予約から実際の診察・決済まで、すべてLINE

上で完結できるオンライン診療サービス「ＬＩＮＥドクター」というスマートフォンとＬＩＮＥアプリを利用したオンライン診療のサービスを始めた（参照：https://linecorp.com/ja/pr/news/ja/2020/3539）。スマートフォンとＬＩＮＥアプリを使った診療。利用者はＬＩＮＥのメッセージから診察の予約ができる。予約が完了すればＬＩＮＥ機能のビデオ通話を使い、医師との診察ができる。このサービスにおいて画期的なのはテクノロジーの部分もあるが、身近にあるスマートフォンと使い慣れたＬＩＮＥを組み合わせることで新しいサービスを提供しているところだ。既存のサービスを掛け合わせて新しいサービスができている。新しくできたサービスは、限定的な範囲で市場にサービスを出して市場の意見を聞き、ブラッシュアップをし続ければ良いものができると思われる。失敗を許容できないと新しいことはできない。このＬＩＮＥのサービスは、今までに病院に行けなかった人のニーズをうまく汲み取ったサービスになる。医者は身体をちゃんと問診してみないと本当のところは分からないと言う人もいるかもしれない。しかし、ＬＩＮＥを使ってできることはたくさんある。できそうなことはどんどん試してみる。ＬＩＮＥドクターがあることで助かっている患者もいるはずで、皆が幸せになる方法があれば良いのだが、多様な時代にすべてのニーズを支えるサービスはほとんどないといえる。

他にもスマートフォンを使ったサービスが増えている。今までのサービスがオンプレミス型[(1)]からクラウド型[(2)]に変わりスマートフォンやタブレットの活用が簡単にできるようになってきた。介護記録もクラウドに変わってきている。基幹システムがクラウドで繋がることで拠点の離れた事業所とも連携が取りやすくなる。

デジタル社会において一番の足枷は規制である。日本の法律も今のデジタル時代に合った形では整備されていない。クラウドの活用によって、仕事の幅も広がり、クラウドをうまく活用することで仕事の効率は断然上がっていく。そして、他職種との連携、コミュニケーションも取りやすくなる。どんどんクラウドを活用し、生産性を上げていくことが大切だと考える。

オリィ研究所（https://orylab.com/product/orihime/）では、OriHime のロボットが活躍している。この OriHime ロボットは分身ロボになる。分身ロボット OriHime は、生活や仕事の環境、入院や身体障害などによる「移動の制約」を克服し、「その場にいる」ようなコミュニケーションを実現することをコンセプトに開発されている。今、OriHime を介護施設に導入しているところもある。OriHime は遠隔で操作ができることもあり、ＡＬＳ（筋萎縮性側索硬化症）の方も参加されている。OriHime にはカメラ、マイク、スピーカーが搭載されている。操作する側はネットワークさえ繋がっていればどこからでもアクセスできる。この

OriHimeを使えば遠隔地でも参加もできる。そして、操作もできるし、スピーカーを通して話すこともできる。そして、このOriHimeは小型の分身ロボだけではなく120センチの分身ロボも開発した。この分身ロボによって移動も可能になり、カフェ等で接客を行っている。まだ、研究段階ではあるが、実際に動いて働いているところが見られる。このように、テクノロジーの発達によって働くことを諦めていた人が働けるようになっている。

ここで筆者が言いたいことは、世の中時代が目まぐるしく変化していっている中で、介護施設は変化しなくてもよいのかということだ。全自動のロボットが何もかもしてくれれば大変素晴らしいかもしれない。現実的にOriHimeがある。筆者は、OriHimeが日常的に活躍できるような法人運営をしていくことが重要ではないだろうか。少子高齢化で働き手を確保するにあたり、このような取組は素晴らしいことだと思っている。実際に運用してみないとわからないこともあるが、上手くいくこと、上手くいかなかったことを許容して共有していくことが大事ではないかと考える。

GROOVE X株式会社のLOVOT（https://lovot.life/）は「全ては生物としての多様性、複雑さを表現するために、10以上のCPUコア（central processing unit）、20以上のMCU（Micro Controller Unit）、50以上のセンサーでまるで生き物のようなふるまいを再現。ロボットと人の新しい関係が、ここからはじまる」をコンセプトとして生まれたロボットである。このロボットはコミュニケーションロボットになる。ＬＯＢＯＴとの日常生活は暮らしてみるとわからない体験が待っている。筆者の知り合いにもＬＯＢＯＴを購入した方がたくさんいる。その人たちはフェイスブックなどに投稿し家族のように生活されている。ある人はペットのように、ある人は子供のように愛しているのが分かる。購入する方は、いろんな思いを持って購入されると思うが、そのすべてに応えられているロボットであると思う。もしかしたら、ここではロボットと表記するには、申し訳ないぐらい可愛がられている。本当の家族のように。

ここで介護に話を戻すと、ＬＯＶＯＴは見守りもできるし、人に癒しを与えることもできる。ＬＯＶＯＴは人それぞれにストーリーを持ってきてくれる。介護はできないかもしれないが、いてくれるだけで利用者が喜ぶロボットかもしれない。ＬＯＶＯＴがいる空間が癒しの空間になるかもしれないのだ。

このように便利なもの、効率的なものは分かりやすく数値化しやすいのでサポートしやすいかもしれない。しかし、数値化できないものや新しくてまだデータが整っていないものもたくさん世の中にある。このような新たな試みは、まだまだたくさんあるのではないかと考える。

## 3　監督官庁は新たな視点で先駆的試みを支援すること

これからは産・官・学の連携は重要になる。どのような形で監督官庁が関わっていくかが重要だと考える。監督官庁の役割は、不正を起こさないように制度設計を行っていることだ。不正が起こった場合は、不正が起こらないよう仕組みを変えていく。こうして、規制が増えていく。監督官庁は不正が起こらないようにするのが仕事になっている。そうなると規制が増えていき、規制が増えると身動きがとれなくなってしまう。規制が出来上がると、見直しを行わず止めることもできずに時代が過ぎ去っていく。そうなるとどのようなことが起こるのだろうか。その制度設計も時代とともに陳腐化していく。ＩＴの世界は日進月歩でスピードが速い。それこそ、介護の世界と比べると何倍、何十倍と技術開発、進歩のスピードが速い。今やＩＴを活用せずに事業を行うことは不可能になってきている。介護事業の効率化は、いかにＩＴを活用していくことができるかにかかっている。そこには、今までの概論や知見は通用しない。そういうことも踏まえて、監督官庁の先進的な試みへの支援を期待している。

そして、筆者として3点伝えたいことがある。

まず初めに、介護関連事業は個人情報を扱うデータがたくさんある。どこまで必要か吟味していくことは重要かと思うが、マイナンバーと介護保険、医療保険の紐付けは、監督官庁で適正に行っていって欲しいと感じている。この紐付けができることで、介護運営をしている法人に正確な情報が伝わると思う。まずはその市町村の人口比、地域別介護度、施設の待機情報など、ファックスや書類で市町村とやりとりをしていることはすべてデータでやり取りができるようになってほしい。そのデータを基に市町村は政策を打ち出していく方が住民サービスの質が高まると考える。このようなサービスを行うには、市町村でデータを一括で蓄積していくしかない。そして、各法人がデータを共有し、一か所に集めビッグデータ化すること。監督官庁は、そのデータを活用するための支援を行っていくことが何よりも有用ではないかと考える。クラウドソーシングを使うことでデータの共有が容易になる。また、クラウド上で行うので、いつ、どこで、誰でも最新情報にアクセスすることが容易になり、最新の情報に更新ができる。そして、クラウドを活用することで在宅ワークができる可能性が増える。介護事業で在宅ワークはできるのかという問題はあるかと思うが、確かに介護を行う上で在宅ワークはできない。しかし、業務効率を考えると在宅ワークができる環境を整えることが業務効率を上げることにも繋がる。いかに一人当たりの生産性を上げることができるかが肝になる。

2番目に、コミュニケーションの確立である。ここで言うコミュニケーションとは、ネットを活用したコミュニケーションのことである。過去ファックスで文字のやりとりをしてきたと思う。それがメールに移り、今はチャットへとコミュニケーションの方法が変わってきている。まだファックスを使っていませんか？　もし使っているのであれば即刻辞めることをお勧めしたい。ファックスでも十分だという方は周りにもたくさんいて、その人達の意見を聞いているると必要ないように感じるが、ファックスでなくてもできる仕組みが整っているところからすれば、ただただ邪魔な存在といえる。ファックス以上に便利なチャットツールを使うことで多くのコミュニケーションが行える。現状困らないからといって新しいことを行わないことは、無駄な時間と労力を使うことになる。意識を変えていくことと同時に便利さを共有していかないと誰も使ってくれない。加えて、チャットツールなどのコミュニケーションツールには、自社内ではなく外部との連携が大変容易でコミュニケーションが取りやすい。よくチャットと聞くとＬＩＮＥを思うかもしれない。しかし、活用するにはビジネス用を勧めたい。

ＬＩＮＥ株式会社ですとLINE WORKS、Chatwork株式会社のchatwork、Slack Technologies のSlack、Microsoft のTeamsが代表的なチャットツールといえる。これらのチャットはそれぞれ一長一短があるが活用する際はどのような運用を行うかによって選んでいく方がよいと思う。そして、このようなチャットツールは外部との連携も取りやすい。今までは、外部との連絡をどのようにしていたか、電話、ファックス、メールがあった。電話は1対

1の会話でリアルタイムな会話。その時、その時の会話になるので、振り返るには録音が必要となる。しかし、声で誰が喋っているか分かるのが電話になる。ファックスは文字送信になる。いつでも送信ができる。受信する側は受け入れ態勢にしておかないといけないが、あまり重要なことではない。ただし、紙で送信し、相手側は紙で印刷された状態で受け取る。紙で書いてある分、いつでも見返すことができる。ただし、紙が増え処分も大変になる。メールはネット上での文字送信になる。比較的便利で紙も必要ない。検索がしやすくすぐに目的の内容に辿り着くことができる。ただし、相手のメールアドレスが必要になり英数文字の交換は間違いもあるため手間と誤送信もある。また、基本は1対1のコミュニケーションが得意で、多数になるとメールを送る回数が増えるにつれて連絡ミスが増えてしまうこともある。そして、同じメールアドレスの受信にはいろいろなやりとりのメールを受信するために埋もれてしまうこともシバシバある（筆者の管理が下手なのが理由かもしれないが）。電話もファックスもメールもだが、ビジネスマナーと書き方があり、相手に失礼のないように電話をしたり書いたりしなくてはならない。正直、毎回送るたびにそのようなことを行っていると要件を伝える前に疲れてしまう。外部には良いのだが内部で行う場合、円滑にコミュニケーションが取れるかどうか筆者には分からない。そこでチャットというツールがある。チャットの良いところは、手軽なコミュニケーションとグループが分けられることだ。

まず、手軽なコミュニケーションだが、どういった所が手軽なのか、要件を短く端的にメッセージを書くことで相手に見やすくなる。そうすると、無駄に長い文章や挨拶言葉を書かなくてもよくなる。そして返信はコメントでもよい。絵文字なども使用できる。そして、会話の流れが分かりやすいので、現状の進捗状況も把握しやすい。ファイルも添付できる。そしてグループ分けができ、必要なプロジェクトに対してグループ作りができる。メールでいうメーリングリストに近いものになるがメーリングリストは返信するとグループ内のメンバー全員に送られてしまう。ところがチャットではグループ内でも必要な人にメンションできる。必要な情報は一度にすぐに共有ができる。そして、メールよりも抜け漏れが少なくなる。チャットの一番便利なところはアーカイブが残ることだ。アーカイブが残るということはどういうことかと言うと、チャットのコメントにログが残っている状態をいう。文章を変更したことも誰がいつどの文章をどういった文章に変更したかということが記録として残る。これは誰もが書き換えができない状況であり、不正ができないということだ。正直、電話だと、誰が言ったか言わないかが分からなくなる。そして、相手の時間を奪っている。ファックスにしても相手に本当に届いているのか、またマル秘情報が他者に見られていないかは送った側からすると分からない。メールは個人間では、影響がないが多数になると情報過多になり、本当に伝えたいことが伝わっていない可能性もある。電話は緊急性が高いものだけに行うようにして円滑なコミュニケーションをしていくのがよいと考える。

3番目はＩＣＴ、ＩｏＴで繋がっているデータが自動的に中央に集められること。1番目でも述べたことに近いが外部データとのリンクが大事であると考えている。自社で集められるデータはたかが数百名だ。しかし人口は何人いるのだろうか。高齢者の人数は数百人ではないはずだ。統計を行うには少ない人数であり、高齢者を統計的に分析するにはＮ数が足りない。このような場合、自社では増やせられないので、市町村が中心となってデータを一括管理して未来に活用するのがよい。個人情報となる情報はいらない。介護に必要なファクトが集まればよい。そのファクトで統計分析を行って質の高い介護を実行することがこの介護業界の使命だと考える。この話になると難しそうとか取っ付きにくそうと感じるかもしれない。だが、一度仕組み化してしまうと自動的にデータが蓄積されるので負担はかからない。最初のイニシャルコストをどのように捉えるかはマネジメント層の考え次第になってくると思う。それでも多くのデータの積み重ねは、介護をよりいっそう良くすると思う。

このように世の中には便利で活躍できるツールやコンテンツがたくさんある。チャットでは書類でのやり取りよりもアーカイブが残るし、信用性がある。またチャットになると不正ができない。不正しやすい書類か不正ができないチャット、どちらがよいか。不正ができない方がお互いにとってもすごく良いように思う。そして、監督官庁には、このような新しいテクノロジーやデバイスを規制するのではなく、うまく活用し支援していただきたいと思っている。

## 4　新たなサービス開発は民間（社会福祉法人）の特権

さて、新たなサービスは民間の特権と題名で書いたが、監督官庁と一緒に進めていく方がベターだと考えている。ただし、サービスの主体は民間であるので、民間のサービスを監督官庁がうまく活用していく方法が望ましい。新しいことを始めるのは民間からの方がやりやすい。企業間同士のコラボレーションがしやすい時代にもなっている。私達はそのことを良い方向だと考えるべきであるが、「介護×お寺」のコラボもある。介護事業者と大手会社でのＡＩソリューションの開発もある。そういったサービスを伸ばしていくしか介護業界の未来はないのではないかと思う。少子高齢化を迎えた日本では、日本全体で働き手が少なくなっている。また、介護業界で働きたいと思っている働き手も少なくなっている。どの業界でも人材確保は厳しい。介護として良い状況になるのであれば、いろんな業種とのコラボを考える。介護を行っているとコラボと聞くと嫌かもしれないが、介護だけ行うということは現状と何も変わらないということになる。ただでさえ現状を変えないと介護業界も介護の質も変わらないのに、今のままでよいはずはない。だからこそ、民間で新たなサービスを開発していくのである。これからも多くのコラボが生まれていくと思う。介護らしくないと突き放すのではなく、どのようにして認知してもらい最高の介護を行うようにするかのベクトルが大事ではないか。批判は簡単にできるが、成功するには相当な覚悟と時間がいる。コラボを行う事業者は決して悪い方向に持っていきたいのではなく、良くしていきたいと考えている。目指す未来は一緒である。

経営をする上で決算書は重要なファクターになる。PL（Profit and Loss statement: 損益計算書）ばかり見て人を見ないマネジメント層がいる。PLも大事だが人も見ることができるマネジメントが大事である。なぜPLばかり見た経営ではダメなのかと言うと、売り上げと利益が重点になるからだ。会社経営を行うには利益は大事な指標である。しかし、利益をあげるために人を見ることができなくなってしまう場合がある。人材は投資である。人材がいないと会社が回らない。どんなに素晴らしい戦略や戦術があっても機能しない。人材をすべて機械に置き換えることはできない。そういった理由からPLばかり見た経営は危ない。一方、BS（Balance Sheet: 貸借対照表）は、会社の一定時点における財政状態を表したものだ。BSを意識すると会社の問題点もわかる。なぜこのようなことを伝えるかというと、多くの経営者がPLでの話が多いからである。単年度の損益ではなく、中・長期的な視点でBSの純資産を増加させ続けることを重要視する考え方が必要になる。それは、会社の事業を資産と捉え、資産を効率よく活用した上でリターンを適切に生み出すことを目指すことになるからだ。そのようにしないと新しいサービスの開発や挑戦ができない。

ＰＬとＢＳは重要な財務諸表である。そして、ＰＬは1年間の利益がわかりやすく表記されている。わかりやすく見やすくなるとＰＬが感覚的に理解しやすいために自然とＰＬが重視されてくる。しかし、右肩上がりの経済成長の環境下でない現在では、事業を推進するために調達したキャッシュが効果的に運用され、収益を生み出しているかを重視しないといけない時代になっている。

単年度ごとにＰＬの黒字幅を重視すると、ＰＬに直接的なインパクトを与えやすい設備投資、研究開発費の抑制がはたらく傾向がある。投資しなければ、支出が減るので比較的利益が出やすいからだ。人件費同様に削減しやすくなってしまう。組織の持続的成長のためには、単年度の収益幅を下げることを受容しながら、ＢＳの純資産が中・長期的に増加し続けるための打つ手を検討すべきだ。株式会社ではＲＯＥ（Return on Equity; 自己資本利益率）、ＲＯＡ（Return On Assets; 総資産利益）の財務分析を行うことがある。ＲＯＥは、企業が自己資本をいかに効率的に運用して利益を生み出したかを表す指標になる。株主の立場から見ると、自己資本利益率が高い会社は「自分が投資したお金を使って効率よく稼いでいる会社」であると見ることがでる。逆に、自己資本利益率が低い会社は「経営効率の悪い会社」であると判断され、投資家からのお金も集まりにくくなる。このようにして、会社経営の判断を投資家はすることがあり、純利益を見ることもあるが決してPLの利益だけを見て会社を判断しているわけではない。ROAは、企業が総資産をいかにうまく使って利益を生み出しているかがわかる指標になる。ROAが高いほど、効率的に利益を生み出せている会社であると言えるが、ROAが高いからといって問題がないわけではない。他にROIC（Return on Invested Capital; 投下資本利益率）もある。ROICとは、税引後営業利益を投下資本で割ることで求められる指標になる。この指標により、事業活動のために投じた投下資本を使って、企業がどれだけ効率的に利益に結びつけているかを知ることができる。

このように財務分析は様々な指標があり。どれも一長一短はあるかと思うが、PLだけの経営判断を行うと中・長期的な経営ができなくなってしまうのは確かである。

新たなサービス開発は民間の特権ではあるが、経営方法を間違えるとサービス開発もできないし、新しく挑戦もできなくなる。そのような会社に監督官庁は聞く耳を持ってくれるはずがない。介護は社会保障の中で運営されているサービスであることは忘れてはいけない。これからは、どうしても監督官庁との協力が必要になる。新しいサービスは民間に任せるが、それを日本中に行き渡らすかどうかは監督官庁の仕事になる。お互いが、尊重し合い、同じ未来を見つめてサービス開発を行っていかないといけない時代である。我々、介護事業者は、まずは質の高い介護を行い、サービス利用高齢者を元気にしていくことが、今の時代に必要な経営指数になる。それを行うために、新しいサービスを民間が考え活用し、少子高齢化による働き手の減少によって生産効率が下がってくることに対してテクノロジーを使って生産性を上げていかなければならない。そのように生産性を上げるためのサービスも必要になる。新しいサービスが生まれた時は、監督官庁がサポートし良いものは広めていくことが今後ますます重要になってくると思う。

(注)

(1)　オンプレミスとは、システム構築に必要なサーバーや回線、ソフトウェアなどを自社内またはデータセンター内に設置し、システムの構築から運用までを自社で行う形態。

(2)　ＩＴシステムに必要なＩＴ機器を自社で保有しない運用形態。データセンターを自社で設置し管理する必要がないため、スムーズな導入が可能。

# 第8章
# 社会福祉法人と市町村行政の関係性を問う

【編者コメント】

本章の執筆者は長年に亘り宍粟市社協のコミュニティワーカーとして活躍し、後年は事務局長として敏腕をふるい全国の社協のモデルにまで押し上げた。実務は正確に、活動は大胆に推進し社協の自律を追及してきた。その豊かな経験をベースに本章を執筆した。

## はじめに

筆者は、町と市の社会福祉協議会（以下「社協」と表現）に昭和54（1979）年から平成28（2016）年まで勤務し、定年退職後、母校の社会福祉学部社会福祉学科の非常勤講師を4年、そしてNPO法人が経営する就労継続支援B型施設の施設長を5年間勤め、令和3（2021）年3月末日で2回目の定年退職をした。地域福祉や社会福祉事業に足かけ42年余り関わったことになる。

今回、社会福祉法人の自律やそのあり方に関する執筆の誘いをいただいたが、もともとそういう器ではない。しかし、社会福祉や地域福祉をめぐる情勢や社会的背景、それらを推進する社会福祉法人、とくに社協のあり方については、課題山積であると認識しており、似合わない執筆作業に取り組むこととした。

本章のテーマである「社会福祉法人」は、市町村行政と大きく関係していることは言うまでもない。筆者は、その意味で社会福祉法人としての社協で長年働いてきたことからいろいろな行政職員や社協関係者と関わってきた。ある時、社会福祉法人の「法人指導」を行う職員の質を疑うような事案に遭遇した。また、社会福祉法人である市社協の監事監査報告書の扱いについてのエピソードを2題紹介しておきたい。

社会福祉法人たる社協は、当然のことながら毎年度終了後、当該行政へ決算書類を提出することになっている。市町村行政から多額の公費補助がある社協は、当然のことであり、社会福祉法にも規定されている。ある時、市役所担当者から「○○年度の決算書を提出していただいているのですが、基本的なところで間違いがあります。」との電話をもらった。どこが間違っているのかと尋ねると「計算書類」となっているところが間違いで「決算書類」に訂正してほしいとのことであった。私は失笑した。その後、改めてその職員に「社会福祉法人の指導をするなら『社会福祉法人会計基準』くらいは見ておいてほしい」と逆に注文を付けた次第である。「計算書類」を「決算書類」と間違うこと自体、社会福祉法人がなんであるかまったく理解できていない証拠である。社会福祉法人会計基準では、「計算書類」は会計基準の第１条に記載されている記述であり、基本中の基本である。こういう状況に出会って、社会福祉法人や社協のことが理解できていない行政職員が「法人指導」や「監査」を行うこと自体如何なものかと残念に思った。ちなみに、彼はその年の４月に事業畑から異動してきた若い職員であった。

次の話は、行政職員とのやり取りではないが、県庁の幹部として長年勤務した職員が定年後、県社協に天下ってきたことから始まった一件である。この件の当事者Ａ氏（Ｙ市社協事務局長）は、私が社協勤務時代から懇意におつきあいしてきた方で、隣の市の市議会議員を2期務め、その後、その市の社協監事に就任した。その彼から「私が社協の監査報告書を事務局へ提出したのだが、この監査報告書の内容について、『ここまで詳細に書く必要はなく、監査報告書のフォーマット通り（社会福祉法人制度改革で示された監事監査報告書の様式）の物にならないのか。ここまで詳細に記載されたものを市民へ公開するのは社協運営において今後影響があるので、詳細な報告書でなく、フォーマット通りにしてほしい』という指摘が県社協からY市社協の事務局長へ連絡があった。県社協が社会福祉法人たる市社協の運営に口を出してくること自体大問題だと思う。腹が立って仕方がない」という電話であった。その電話の中で「この件は、うちの社協だけでなく、山本さん、あなたの市社協も同様の指摘を受けているようで、どうも県社協は、詳細な監査報告書は不要との考えである。こんなことがまかり通るのか」という怒りめいた電話であった。社会福祉法人である市社協の監査報告書にまで「指導」をしてきたのは、県庁から天下ってきた当該県社協の幹部である。筆者は耳を疑い、地元の社協の事務局長にそのような「指導」が県社協からあったのかどうか確認した。それは事実であった。筆者も市社協の事務局長時代に税理士であるB監事から詳細な監査報告書をいただいていた。B監事は現在退任されているが、今回のような県社協からの指摘を受けたらどんな反応をされたか。おそらくA氏と同じではなかったと思う。

そもそもこういった指摘は行政担当者でも行わない。それにもまして、同じ社会福祉法人の監査報告書である。「詳細な監査報告書は不要であり、（厚労省が示した）フォーマット通りでよい」というのは如何なものか。最近では、ホームページにこうした社協の監査報告書が掲載されており、私たち市民は、それを見て当該社協の状況を知ることができる。当然の情報公開である。これを型通りの報告書に「改ざん」するような指摘（「指導」）をすること自体大問題ではないか。

このあとＡ氏はこの問題をその市の社協理事会で報告し、県社協へ意見を申し述べたとのことであった。そもそも社会福祉法人とは何であるのか。また、その指導を行う市町村行政との関係はどうなのか。以降でまとめてみたい。

## １　社会福祉法人経営者アンケートから見えてきたもの

本章の執筆にあたり、筆者は兵庫県内のいくつかの社会福祉法人代表者（経営者）や幹部職員へ「社会福祉法人の今後のあり方と市町村行政との関係について」と題したアンケート(1)をお願いした。これはあくまで関係者の現状認識と当面の課題を伺うものとして行ったものである。依頼数は22件。内訳は、社協が７件（６）、高齢者施設５件（２）、障害者施設５件

（1）、児童施設4件（3）、共同募金会1件（1）、（ ）内は回答数。回答率は59％の13件であった。筆者が社協出身であるために依頼先が社協に偏った点はお許し願いたい。

なお、アンケート依頼先のある社協の事務局長から、「今回、アンケートのご依頼を受け、本会の法人経営について振り返ることができ、あらためて様々な課題に立ち向かっていかなければいけない責任を感じています。貴重な機会を与えていただきありがとうございました」という有難い感想をいただいたことを紹介しておきたい。

ここでは、このアンケートの回答をいくつか紹介しながら、現在の社会福祉法人経営の課題や今後のあり方について少し考察してみたい。

まず、問5の「現況報告書」や「法人チェックリスト」については、ほとんどの法人が提出は法人の義務であり、社会福祉法第56条第1項により行政から求められているものという捉え方が多かった。

主な意見を紹介すると①情報公開やコンプライアンスの面もあるが法人経営の健全化につながり地域福祉推進のツールにしていくことが重要。②法人の基本情報が公表されるので必要な情報を入手しやすい。③公金で運営しているのでやらねばならないこと。④年に一度の法人運営をチェックする良い機会と捉え記入している。⑤法人認可に沿った運営がされているのかどうかを監査するための定期的、義務的な報告書であるなどの意見が多かったが、同報告書の様式や体裁がすべての社会福祉法人が対象であるため、とりわけ、地域福祉推進を正面に掲げている社協等では内容に違和感があるという意見や児童施設等では、専門的な面が多すぎて作成に苦慮しているといったこと。また、データが重すぎて扱いが大変であるというような事務的負担が大であることの意見もあった。この現況報告書や法人チェックリストについて私も同感である。法人監査に資するための資料であるなら見直しを提案したい。作成に要する時間も相当必要であり、このあたりの改革を望みたい。

問６、問７の直近の監査については、新型コロナウイルス感染拡大を受けて国の緊急事態宣言の発出もあり、最近の監査は延期されているようである。それまでに行われた監査では、平成28（２０１６）年度の社会福祉法人制度改革後はじめての監査であり、制度運用の間違いや役員、評議員の選任手続き、評議員会・理事会の決議の省略の議事録、役員報酬の交通費の表記についての指摘があったなど制度改正後の運用についての指摘がされているが、今後、制度改革の効果測定などについて監査されることになるかと思う。

問８は、社会福祉法人会計基準についての意見を尋ねたが、社協とその他の社会福祉法人ではいくらかの違いがあった。ある高齢者施設法人担当者は、「非常に明瞭でわかりやすい」という端的な意見が印象的であった。また、長年にわたって児童福祉施設を経営してきた経営者は「ほぼ民間企業の会計基準になっているが、収益を目的とする民間企業と違って、社会福祉法人の場合は公益性・非営利性が重要なことから、その会計基準に則して経営をしても経営計画の効果を計ることとの連動が難しい部分がある」という専門的な意見をいただいた。一方、社協や共同募金会関係者からは、①法人経営と財務状況の判断を見るうえで、この会計基準からの理解は大変難しいように感じる。②社協は、収益をともなう事業と非営利事業が混在していることから、財政上における経営判断が難しくなっている。③予算の補正をして帳尻だけを合わせることで経営が見えなくなるのではないか。④これまでの基準と比較するとよくなっていると思う。ただ、拠点区分の捉え方等については社協なりに対応を考えないと膨大な事務時間をかけて結局経営実態と合わない資料をたくさん作ることになる。外部監査については、他の公益法人と比較して基準が低すぎる。中小企業レベルの組織にこれだけ手間と費用をかけさせる意味があるのかと思う。こういった厳しい意見があるのに対して、⑤そもそも会計基準について十分な理解ができておらず、自組織による研修や上部団体による研修があらためて必要であると指摘する声もある。とくに、社会福祉法人会計については、一般の税理士では見られないという意見もあった。

この問８についての回答の一部を紹介したが、ほぼ筆者も同感である。過去に筆者の勤務していた社協で、本当に親身になって監事として経営状況を見ていただいたその方は著名な税理士（前述のＢ監事）であるが、Ｂ氏曰く「社会福祉法人会計基準はマニアック過ぎますね。

ここまで専門的に会計基準として細かくしていく必要があるのかどうか?、とくに、社協については、非営利部門の事業が多く、収益事業として実施している介護保険事業や障害福祉事業についても、仕組み的に収益を上げていくという性格のものではないため馴染まないと思います。また、保育所や就労支援事業など規模の小さい施設経営をされている法人についても同じことが言えると思います」というコメントをいただいたことがある。今さらこの会計基準を元に戻せとは言わないが、もう少し実態に合った会計基準を考案できないものかと思う。とくにある市社協の事務局長は、「会計基準の財務3表を読み解くことができる市役所職員がいない」と嘆く。その職員が監査を担当するのは本当に如何なものか。

このアンケートについて字数もあるのでここで詳細に触れることができないが、問9で尋ねた「あなたの法人の現在の課題」については、やはりどの法人も共通項が多かったので、それを紹介しておきたい。

最も多いのが、人材不足であり、その人材の確保と育成、介護人材の不足を挙げる法人が多かった。とくに今回の新型コロナウイルス感染症のパンデミックへの対応は、その問題点をさらに浮き彫りにしたようである。この感染症対応については、あらためて後述したい。また、介護事業を行っている法人では、事業の継続性をあげるところが多かったが、これも人材不足、とくに次世代へつなぐ人材育成が確立できないことがその要因でもある。また、保育所経営を行っている法人では、当然のことながら少子化で将来的に事業継続できるかどうか、それが一番の問題だと回答されている。次に挙がっていたのが施設の老朽化である。耐震性や災害に強い施設への改修や災害時の事業継続への対応なども記載されていた。令和3（2021）年4月からは、すべての介護事業所では、感染症対策や災害への対応力強化のために事業継続計画（BCP）の策定[2]が義務化されたことはご存じの通りであるが、こういったことへの対応も大きな課題である。また、社協では、自主財源の増強が課題として挙がっていた。この課題は組織の性格上普遍的なものであるが、介護事業がそれをカバーしていた時代はもう過去のものとなった。今後はその事業継続の課題と同様に人口減少社会や地域のつながりの希薄化の中でどのように地域福祉推進を図っていくかが社会福祉法人たる社協の大きな課題でもある。

アンケートでは最後の設問で地域連携や社会福祉法人としての自律について尋ねているが、この点は本章の結論でもあるので後述したい。

## ２　市町村行政は社会福祉法人をどのように捉えているのか

市町村行政の社会福祉法人のとらえ方を論じる前に、あらためて社会福祉法人とは何かを整理しながら、平成26（２０１４）年7月4日の「社会福祉法人の在り方等に関する検討会報告書」の論点を視野に入れて、社会福祉法人の置かれている現状を少し整理しておきたい。同報告書は、現行の社会福祉法人制度の抱える諸問題を整理し、今後も社会福祉法人が我が国の福祉の重要な担い手として地域住民、ひいては国民の期待に応える存在であり続けるための改革案を検討するために設けられた。同報告書は、検討結果を踏まえ、社会福祉法人制度の改革に向けた方向性と論点を示したものである。

まず、社会福祉法人とは、社会福祉法において「社会福祉事業を行うことを目的として、この法律の定めるところにより設立された法人」と定義されている。ここでいう「社会福祉事業」とは、社会福祉法第2条に定められている第一種社会福祉事業及び第二種社会福祉事業である。また、社会福祉法人は、社会福祉事業の他、公益事業及び収益事業を行うことができる。(3) そして、社会福祉法人は、公益性の高い非営利法人であり、社会福祉事業の主たる担い手としてふさわしい事業を確実、効果的かつ公正に行っているとも定義されている。(4)

この法人所轄庁は言うまでもなく厚生労働省（以下「厚労省」）であるが、社会福祉法人制度が確立されて以来、その社会福祉法人が豊かさの実現を背景として、福祉サービスの供給が拡大し、新たに設けられた制度に基づく福祉サービスを実施するため、行政が措置の委託先である施設整備（受皿）を優先したため、社会福祉法人の数も同様に増加していった。しかし、昭和50（1975）年代から昭和60（1980）年代になると少子高齢化や社会保障制度の変化、とくに介護保険制度の導入により、いわゆる「措置から契約」の時代へ対応するため、平成12（2000）年には、社会福祉基礎構造改革が行われ、社会福祉法人制度についても幅広い見直しが行われた。高齢者介護の分野における措置制度から契約制度への変更、サービスの普遍化という劇的な変化は、利用者のニーズに応じたサービスの提供、事業展開、自主的なサービスの質の向上、経営の効率化・安定化といった、措置制度の下で行われていたような施設管理にはない、法人経営という視点を社会福祉法人により強く求めることとなった。その結果、平成12（2000）年の社会福祉基礎構造改革では、①自主的な経営基盤の強化。②福祉サービスの質の向上。③事業経営の透明性の確保を内容とする社会福祉法人の経営の原則が法定化された。これに伴って、社会福祉法人が行う収益事業で得た利益の充当先の拡大や、第三者評価の受審の努力義務化、福祉サービスの利用を希望する者その他の利害関係人に対する財務諸表の閲覧の義務付け等の改革が行われた。(5)

この報告書をまとめた「社会福祉法人の在り方等に関する検討会」は、平成25（２０１３）年９月27日を第１回として、12回にわたり議論がなされた。前半は、「社会福祉法人の現状」「社会福祉法人が地域から期待される「更なる取組」」「社会福祉法人のガバナンス」「社会福祉法人の大規模化・協働化等」「社会福祉法人の適正な運営の確保」といった社会福祉法人を取り巻く課題を一巡する議論を行い、加えて、平成25（２０１３）年に大きな関心が寄せられた社会福祉法人と株式会社等との「イコールフッティング」や「福祉人材の確保」についても議論が行われている。後半は、前半で行った議論について、４回にわたり20団体からヒアリングを行い、各回の議論は、シンポジウムさながらの自由な議論がなされ、行政が設置した会議とは思えない活発な検討会になったとの記述がある。その意味で、この検討会は現在の社会福祉法人を改善・強化していく必要があるという強い認識のもとで議論されたものと思われる。

その中において、社会福祉法人制度見直しの論点として報告されているのは次の５点である。①地域における公益的な活動の推進　②法人組織の体制強化　③法人の規模拡大・協働化　④法人運営の透明性の確保　⑤法人の監督の見直しである。この中で社会福祉法人と行政との直接の関係については５点目の「法人の監督の見直し」の箇所かと思う。同検討会の認識は、今後の権限移譲を踏まえた監督の在り方について、社会福祉法人の所轄庁については、第二次地方分権推進一括法の施行に伴い、平成25（２０１３）年４月１日から、事業範囲が一般市の範囲である法人は、都道府県から一般市に監督権が移譲され、所轄庁の数は108から838へと大幅に増加している。また、平成25（2013）年7月に公表された権限移譲の施行状況調査では、社会福祉法人の所轄庁の事務について、具体的な支障があると回答した地方公共団体が12・1％と他の事務と比べて高い割合になっており、新所轄庁である一般市においても、移譲された事務の対応に苦慮している実情がわかる。

また、この検討会では、一部の所轄庁において、措置制度の時代と変わらない画一的な行政指導や、ローカルルールと言われるような過剰規制が指摘されるなど社会福祉法人の地域ニーズに対応した活動を阻害しているという意見もあった。社会福祉法人が今日的な役割を果たし、地域における公益的な活動を推進するためには、所轄庁の行政指導についても、法人の育成支援の観点から、責務を果たす法人は支援し、果たさない法人は厳しく指導するといったメリハリのあるものに変えていく必要があるとの指摘がある。さらに、前述の現況報告書と一緒に提出する財務諸表の中には、財務諸表の借方と貸方が合わないなど、基本的な誤りが存在するという指摘がなされているが、この辺りは、監査担当者が十分理解した上での報告なのかどうか疑問に思う。この財務諸表は法人の経営動向を明らかにするものであり、法人の財務担当者の力量強化はもちろんのこと、監査能力のある行政担当者を養成していく必要がある。

また、所轄庁の法人監査の見直しの中では、運営状況に係る監査と財務に係る監査を峻別し、財務に係る監査については、外部監査の活用を積極的に図るなどの見直しを検討すべきであるとか、定款の内容や理事会、評議員会の開催状況だけでなく、地域における公益的な活動の実施状況やサービスの質の向上への取組も確認するなど、監査の仕組みの変更を検討すべきとの意見が出ている。

以上のような検討会での議論から、市町村行政は、社会福祉法人を指導監査する力量（能力）や法人の育成支援の観点を持つべきであり、法人の自由度が確保されるような対応をしていくことを望みたい。このような状況から一定規模以上の社会福祉法人には、公認会計士等の専門家による外部監査を義務付けることを検討すべきとの指摘もあった。

こうした「在り方検討会」の報告をもとに、社会福祉法人制度の見直しが行われたわけであるが、権限委譲で多くの市町村行政に移譲された社会福祉法人の指導や監査を担当する行政職員は、果たしてこういった社会福祉法人の歴史や見直し論の経緯を理解しているのかどうかと言えば、否ではないか。具体的に担当者にヒアリングをしたわけではないが、担当者が3年から4年、長くても6年というスパンで異動することに要因があると考える。とりわけ今回のような新型コロナウイルスの流行という未曽有の感染症への対応に見られるように、過去経験したことのない感染症のパンデミックとか未曽有の大災害に直面した場合は、そのことが最優先されるし、そうしなければならない。今回の感染拡大での緊急事態宣言の発出やワクチン接種業務など、多くの職員がそれらの対応に翻弄される。よって法人の監査などは後回しになる。その点で、筆者は、社会福祉法人は本来のあり方を目指して、法人側から法人所轄庁へあるべき姿を発信していかなければいけないと考える。しかし、社会福祉法人の現在の課題や活動財源の確保を考えると社会福祉法人側からそういった観点で意見要望をしていくにはまだまだハードルが高いと言わざるを得ない。

## 3 社会福祉法人制度改革と社会福祉法人地域公益活動

平成28（2016）年の社会福祉法人制度改革について、全国社会福祉協議会のＨＰ(6)では、次のように記載されている。「平成28年3月31日に成立した社会福祉法等の一部を改正する法律により、経営組織のガバナンスの強化、事業運営の透明性の向上、財務規律の強化、地域における公益的な取組をポイントに社会福祉法人制度の見直しがおこなわれた。この背景には、今日、社会福祉が国民すべての社会的な自立支援をめざすものであるにも関わらず、社会福祉法人の経営実態が積極的に公開されていないことや経営組織のガバナンスや財務規律が十分に確立されていなかったこと等が一因として考えられる」との記載がある。

この全社協のホームページを見て、今回の社会福祉法人制度改革について国民は理解できるであろうか。たしかにわかりやすく記載されてはいるが、この社会福祉法人制度改革とはどういったものだったのか。筆者の社協職員時代の経験をもとに社会福祉法人としての社協が行政からどのような事業委託を受け、また、社協の宿命ともいえる人件費の公費補助について、当時の状況を報告し、あらためて社会福祉法人として自律の意義を考えてみたい。

筆者は、長年社会福祉事業に関わってきた中で「福祉は国民の権利である」と考えている。そもそも社会福祉事業は、本来は国や地方自治体の責任において直接行われるべきものであり、それを行政から委託され、中心的な担い手としての役割を果たしてきたのが社会福祉法人である。

筆者が長年勤めた社協もその意味で「行政からの委託事業を行う福祉団体」として位置付けられた団体であった。それは、筆者が37年間余り勤務する中でいろんな場面で嫌というほどそのことを思い知らされ、「行政の下請け団体」だと感じたことがどれだけあったことか。とくに、平成の大合併で周辺の4つの町社協が一つの市社協になった当時、社協へ交付される行政補助金は年間予算の15％余りを占めており、その9割以上が職員の人件費であった。そして、補助対象となる職員は○○人で、給与号俸は社協の給与規程で定めていたが、補助対象の職員個々に、当該職員同等年齢の市職員をモデルにして、その職員よりなぜか一号俸下位に位置付けることが合併協議で決定され、筆者が算定した全職員の給与積算明細を「査定」して決定する仕組みが補助金交付要綱細則（「補助金交付ルール」）に記載されていたわけである。そして市の財政担当課からは、なぜこれだけの人件費補助金を交付しないといけないのか、その理由を文書で示すように毎年言われていた。それをまとめて交渉するのは、まぎれもない事務局責任者（事務局長）である筆者であった。何が嫌だったかというと、その細かい査定をする担当者は、筆者よりも若い行政職員であり、社協のことが十分理解しているとは言い難いその職員に自分のすべての給与明細をさらけ出すわけである。その結果がモデルよりも高いとなると削減されるということを毎年経験した。この「補助金交付ルール」に示された「一号俸下位に位置付ける」ということに問題があるとして、その根拠も含め、その後の交渉で見直されたが、なぜ、社協職員が給与において行政職員より低位に置かれるのかということを筆者は常に行政担当者へ訴えてきた。この件は、当時の会長が市長に話をして改善された。このことは、本当に有難かった。

社協職員の次年度の人件費補助金は、当然のことながら行政予算に組み込まないといけないので、毎年8月下旬から9月中旬の時期がこの作業時期であり、出勤拒否をしたくなる時期でもあった。それこそ「下請け的事業」の代表格であった「市内70歳以上の敬老祝賀会」の委託を受けて実施していた時期と重なり、休むに休めなかったことを覚えている。

市社協が社会福祉法人として地域福祉事業を中心に介護保険事業や障害者福祉事業を行っていたにもかかわらず、敬老会事業という行政事業を行ってきたのは事実である。ただし、その敬老会事業が、「社協の取り組むべき事業ではない」ということではないので、このことは誤解のないようにしていただきたい。市がその方々の長寿と健康を祝う目的で始めた事業であるので、それを社協が市に代わって準備し事業実施をしていくべきものであるのかどうかという議論である。当時は、こういった「委託事業を実施してもらうのも社協に公費補助をしている理由でもあるので、理解してほしい」などと言われたのを思い出す。さらに、この敬老会事業は委託事業でありながら実際には委託金ではなく、不課税の補助金として受け入れていた。委託事業であれば消費税分を加算して受託しないといけないが、補助金なら不課税扱いとなる。委託事業であるので消費税分を加算してもらいたいと要望しても、それは補助金であるので不課税だと言う。こういった点を考えても社協は人件費補助を行政から受けていることや組織的、財政的な性格上、社会福祉法人として自律はしていない。

ちなみに、現在この敬老会事業は、市内すべての地域で、自治会主催により地域の自治会役員や福祉委員がボランティアとして、その地域にあった手作りの地域密着型の敬老会を行っている。社協が画一的にやっていた敬老会事業の見直しを求める声や住んでいる地域の住民が主体となって実施する方が内容も良く、当事者の祝賀会への出席率も高いとのことで、この方向に改善された。しかし、この実施経費は大部分が市の財源であり、地域密着型へ移行した現在も社協が市の補助金として受けている関係で、地域の敬老会の実施経費は社協から自治会への助成金として交付されている。皮肉にもこの敬老会事業の改善は、筆者が社協を定年退職し、地元の自治会長を引き受けた平成28（２０１６）年から「地域密着型」に移行されたわけである。結局、筆者は社協職員としてその間の市域全域の敬老会事業を企画運営し、退職後も自治会長として、今度は地元の敬老会事業を企画運営してきたことになる。思い返せば、筆者にとって敬老会事業は若い頃からずっと行ってきたことになる。その意味で地元の敬老会の企画運営はお手の物で関係者に大変喜んでいただいた。自治会長を退任した今も企画については相談がある。

さて、今回の社会福祉法人制度改革議論の中心は、社会福祉法人がいわゆる「内部留保」を活用して地域公益活動を行うことを義務化するもので、社会福祉法人の存在意義そのものを歪める内容になっているのではないか。しかも「内部留保」は、「社会福祉充実財産」という呼び方で、その財源をいかにも地域の公益活動に活用していく必要があるとの言い方である。

憲法25条は「すべて国民は、健康で文化的な最低限度の生活を営む権利を有する」として人類の長い歴史の中で勝ち取ってきた「生存権」をすべての国民が生まれながらにして持っている基本的人権として保障している。そのうえで、同条第2項で、「国は、すべての生活部面について社会福祉、社会保障及び公衆衛生の向上及び増進に努めなければならない」とされている。これは国民には生存権があり、国家には生活保障の努力義務があるということを明確にしているものであり、冒頭記載したとおり「福祉は国民の権利」であることを裏付けるものである。よって、社会福祉関係の諸制度を規定した法律では、すべてこの憲法第25条の理念に基づいて整備され、その制度に則り生存権保障を具体化する公的な営みが社会福祉事業であるとされている。この観点は、社会福祉の責任は国及び地方自治体にあるということを明確にしている。また、社会福祉法第61条の1では、「国及び地方公共団体は、法律に基づくその責任を他の社会福祉事業を経営する者に転嫁し、又はこれらの者の財政的援助を求めないこと」と規定している。ここでいう法律とは、憲法第25条に基づいて整備された社会福祉関係諸法のことであり、国の責任で行うべき社会福祉事業を社会福祉法人などの民間団体に任せる場合でも、国民の生存権が確保されるための必要かつ十分な予算が国の責任で確保されなくてはならないということを意味している。

よって、この社会福祉法人制度改革は、憲法第25条でいう生存権保障や社会福祉法第61条の1に規定されていることから逸脱しているのではないかと思う点がある。

それは第1に、「制度や市場原理では満たされないニーズについても率先して対応していく取組[7]」を「地域公益活動」として社会福祉法人に義務化しているところである。「在り方検討会」での議論や現況についてこの議論は間違っているとは思わないが、「制度や市場原理では満たされていないニーズ」は、そもそも現行の福祉制度では十分に対応できていない課題であり、国の責任で制度化して支援すべきものをすべて、「本来、社会福祉法人は、こうした取組を実施することを前提として、補助金や税制優遇を受けているものであり、経営努力や様々な優遇措置によって得た原資については、主たる事業である社会福祉事業はもとより、社会や地域での福祉サービスとして還元することが求められることを改めて認識する必要がある[8]」という論点で、その活動を社会福祉法人に義務化させることは如何なものかと思う。

地域公益活動をその地域の社会福祉法人が担うことがいけないことではないが、公的制度の立ち上げや支援のために財政措置など公的な部分の支援がなおざりになるのではないかと危惧する。社会福祉法第61条の2の「国及び地方公共団体は他の社会福祉事業を経営するものに対し、その自主性を重んじ不当な関与を行わない」とした規定に反しないかとも思う。

第2は、地域公益活動に必要な費用をいわゆる「内部留保」(厚労省は「余裕財産」とか「社会福祉充実財産」と表現)を活用するとして、社会福祉法人に財政的負担を求めていることである。果たして、今の社会福祉法人に「余裕財産」とか「内部留保」があるのかどうか。厚労省の平成26年度老人保健事業推進費等補助金を活用して、㈱明治安田生活福祉研究所が行った平成27（2015）年3月の「介護保険施設等の効果的な施設整備の実施に関する調査研究事業」報告書[9]によれば、社会福祉法人で高齢者施設経営をしている法人の内部留保は、全体の3割に過ぎず、5割が事業の維持・継続に必要な額さえ満たしていなかったとの研究報告がある。これらの研究報告に示されているように、社会福祉法人に「余裕財産」がないにもかかわらず、国や行政の予算措置もないまま地域公益活動を義務付けているのが実態である。余裕財産があるならば、その費用はそれを生み出す施設職員や法人職員、利用者等の処遇改善に充てるべきではないか。社会福祉法人が公益的な事業を行っているということやそれだけの優遇措置を受けているからという理由だけで社会福祉法人の自己責任による活動が強制的に行われるのは如何なものかと考える。

この地域公益活動をそれぞれの地域（市町村域）で推進するにあたり、社協がリードオフマンとなり、その地域すべての社会福祉法人と連携し地域貢献活動を実施していくネットワークづくり活動である。例えば、兵庫県では、「ほっとかへん」を合言葉に、市区町域で複数の社会福祉法人が連携することで、地域の生活・福祉課題の解決を図る取り組みを進めている。今後は、その地域の社会福祉法人団体ネットワークの事務局として地域貢献活動の内容や取組ネットワークに参加している社会福祉法人の自主性や柔軟性、独自性等を活かした活動をお願いしたい。そして、この活動の本旨を十分理解した上で、とくに活動財源については、行政で負担すべきものははっきり要望していくなどの観点で事業実施を図っていただきたい。

## 4　社会福祉法人の自律への展望

社会福祉法人制度改革は前述のような問題点を持ったまま進められつつあるが、肝心の社会福祉法人は、これを受けどのような活動を展開していけばよいのか。本章のテーマである社会福祉法人の自律への展望について、筆者が実施した社会福祉法人へのアンケート結果等も踏まえ考察し結論としたい。

1．で紹介した「社会福祉法人の今後のあり方と市町村行政との関係アンケート」の最後の設問は、「ズバリ、現在の社会福祉法人は自律しているとお考えですか。」という内容であった。結果。13法人中の6法人が「自律していない」と回答し、「自律している」と回答したのは3法人。あとは無回答か回答不能の返事であった。鋭い指摘もされている回答もあったので、次に紹介しておくので参考にしてほしい。「自律していない」「自律している」と答えた法人は、以下の理由をあげている。

高齢者や障害者、児童施設を経営する社会福祉法人と社協とは、その目的や性格、組織的特性、事業内容など違いがあり単純には比較できないが、「自律している」「自律していない」

「法人は自律しているか」についての意見集約

| | | |
|---|---|---|
| 1 | 社協 | 民間事業者ではできない社会福祉事業を実施するために作られた組織であり、採算性等々自由経済の考え方では対応できない事業を法的な後ろ盾によって実施することが使命とされているので、そういう意味で完全な自律（自立も）はあり得ないと思う。 |
| 2 | 社協 | 行政の財政支援がなければ立ち行かない。 |
| 3 | 児童 | 自律できているかどうかは、自治、自主性を高めなければいけないと思うが、法人の特性上、他律になっている部分が多いと思われる。そこに属する「人」が重要かと思う。 |
| 4 | 社協 | 社協以外の法人は自立していると思うが、社協はその性格上、人件費等の補助や委託料を受け事業実施しているため、財政的には自立しているとは言えない。 |
| 5 | 児童 | すべて国や県の決められた制限と制約の中で活動している。 |
| 6 | 高齢者 | いろいろなしばりが多い。…でも仕方ないようにも思う。 |

| | |
|---|---|
| 1 | 自律していると信じたい。社会福祉法人が自律していることが宣伝効果につながる。 |
| 2 | 「自律とは、自分の意志をしっかりと持って、自ら定めたルールに従って行動を選択できる状態」（ネット検索）。行政からの運営費補助がないので口をはさまれることがない。 |
| 3 | 社協は、一つの市町村に一つの法人格を持った団体。地域の課題を地域住民と一緒になって考え、解決していく仕組みは社会福祉を協議する会として、公共性・公益性を担保されている団体としての強みだと思う。行政から財政支援を受けていない。 |

という理由はどれも理解できる。

先般、自律していると回答した社協の事務局長にこの回答についてその根拠をヒアリングした。多くの社協が行政からの人件費補助金を受け取っている中、過去、市の行革の中で人件費補助金が全額カットされた経緯がある。それ以後、自律をめざすべく経営努力をし、職員にもコスト意識を定着させながら法人社協としての目指すべき方向性を共有させ、役職員一丸となって地域福祉と介護事業に取り組んできた。結果、令和２（２０２０）年度では２００万円の黒字決算をしている。社会情勢が厳しい中、ここ10年近く法人社協としての生き残りをかけて、地域福祉事業という非営利部門の赤字をそれ以外の事業で黒字化に導く。これは相当な努力をしてきた成果だと事務局長は自負している。

職員処遇について職員が不満や異議を出してこないのかと聞くと、毎年職員には意見要望をレポートさせ、話し合いをしているという。意見相違の者はやはり退職しているというが、その数は本当に少ないという。電話でのヒアリングではあるが本当に素晴らしいと感じた。これには組織改革の計画や経営改善計画、将来目標の設定などの実行計画が位置付けてある。その意味で、社会福祉法人の事業計画等の点検も修正もしないのではなく、その計画にこだわり、できていない点や達成できない要因を明らかにしてそれを除去し、計画を推進し実践に移していくことが必要である。これは、地域福祉計画や地域福祉推進計画等についても同じことが言える。社会福祉法人の規模や経営実態はそれぞれであるが、すべての社会福祉法人がそういう立ち位置に立てるかどうかが問われている。それには次に示すような国をはじめ地方自治体が、社会福祉法人が行う事業に行政的支援をしていくことが大前提となる。

そもそも社会福祉事業は、本来国や地方自治体の責任において直接行われるべきものであるが、それを委託的に中心的な役割を担ってきたのが社会福祉法人である。日本の社会福祉制度の発展過程を見ると、各制度の発足当初は様々な制約の中で制度の対象とされずに福祉サービスを受けられない人や制度の狭間にあって福祉の手が行き届かない人がいたが、こういう場面でも社会福祉法人は、地域住民の福祉要求に応えるために先進的にその民間性や開拓性を発揮して事業を開発し拡大してきた。そして、その必要性を行政に認めさせ、制度化の道筋を創ってきたわけである。戦後70年の歴史の中で社会福祉制度の対象を拡げ、内容を充実させるために努力してきた。社会福祉法人制度改革という名のもとに社会福祉法人に地域公益活動を義務化させ、制度の狭間を埋める取り組みをさせるのではなく、社会福祉法人の自主性や主体性を尊重し、先進的な事業に取り組めるように、行政は条件整備を行い、それを制度化すべきである。

コロナ禍が収束する見通しが立たない中で、一方で児童虐待や介護離職、家庭内暴力、障害者雇用における差別など、格差と貧困が拡大している社会の中で国民の福祉的要求はより複雑化し高度化している。こうした福祉的要求に応えていくためには、当事者の立場に立ったより専門的な福祉サービスや相談事業を展開していくことが求められる。そのためには、関係者が前出のアンケートで、今後の課題に挙げていた「福祉人材の確保」の課題は喫緊のものである。より専門性の高い福祉人材を育成・確保し、現場に定着させるためには、国の責任でそれらの取組や条件整備を推進していくことが必要である。

自助、共助を強調し、公助を後回しにして格差拡大をそのまま放置していくような今のやり方では、国民の幸福は得られない。国の言いなりになる地方自治体も同様である。社会福祉法人がそういった政策の推進団体となるのではなく、「福祉は権利」を実現していく地域での推進団体として位置付けられることが必要である。

社会福祉法人がその主体性や先進性を発揮し、法人の自律とは何かを常に考えながら利用者や地域住民を主体とした事業展開を図ることが自律への道であると考える。

新型コロナウイルスなどの感染症拡大防止や自然災害時の救援や復旧復興支援でも、自律した社会福祉法人同士が連携した取組ができないものかと思う。

そうしたことを考えていた矢先、令和3（2021）年5月7日付け神戸新聞に「社会福

祉法人連携を推進　資金や人材　県、22年度に新制度」との見出しで「介護、障害者施設や保育所などを運営する社会福祉法人が資金調達や人材確保で協力する「社会福祉連携推進法人」が２０２２年度に兵庫県で創設される見通しとなった。中小規模法人の経営基盤を強化し、安定した事業運営につなげることが狙い。県は説明会などで新制度の周知を図るとともに有識者による審査会を設置して準備を進める。」とのリードで紹介があった。これは、いかにも社会福祉法人連携を推進する方策として有効であるかのように思うが、果たしてどうなのか。内容をよく見ると新制度の連携対象は社会福祉法人だけでなくＮＰＯ法人や医療法人、株式会社なども含まれるという。見出しは歓迎だが内容は不透明。また、社会福祉法人が行政のいわゆる「便利屋的委託先」として、その先頭に立たされないか懸念する。こういった流れは今後ますます強まる。社会福祉法人の真の自律が待たれる。

〈注〉

(1)　別掲

(2)　福祉事業所における事業継続計画（BCP）の策定については、以下の文献を参考にされたい。

◆江島哲也、東海林崇他『災害に強い事業所づくり』―社会福祉事業における BCP　方法と実践―／2013.3／㈱浜銀総合研究所編　この研究会には筆者も参加し、宍粟市社協が策定したＢＣＰの経緯も掲載している。

ンター。

◆後藤至功著『社会福祉施設・事業所のBCP（事業継続計画）』/2021/4/全国コミュニティライフサポートセ

(3) 厚生労働省ホームページ（以下「ＨＰ」）「社会福祉法人の概要」から引用。

(4) 全国社会福祉法人経営者協議会「ＨＰ」での定義。

(5) 「社会福祉法人の在り方等に関する検討会報告書」（平成26年7月4日）より一部引用。

(6) 全国社会福祉協議会ＨＰ「社会福祉法人、福祉施設」「社会福祉法人制度改革への対応」より引用。

(7) 「社会福祉法人在り方等に関する検討会」報告書　20頁　参照。

(8) 同報告書　20頁　参照。

(9) 「介護保険施設等の効果的な施設整備の実施に関する調査研究事業報告書」２０１５年３月㈱明治安田生活福祉研究所　同「調査研究報告書」49頁参照。

社会福祉法人の今後のあり方と市町村行政との関係についてアンケート

回答方法：該当するものに○、または該当する数字を入れてください。
お尋ねしている設問には、お手数ですが枠内に自由にお考えを書いてください。

問1　あなたの法人設立時期を教えてください。（合併された社協は合併年）
昭和・平成・令和（　　　）年（西暦　　　　　）年　　　月

問2　事業分野はどれにあたりますか。（複数回答可）
①高齢者　②障害者　③児童　④社協　⑤その他（　　　　）

問3　経営規模（昨年度の決算額）について教えてください。
①1億円まで　②1億円以上～5億円まで　③5億円以上～10億円まで　④10億円以上～15億円まで　⑤15億円以上～20億円まで　⑥20億円以上

問4　現在の法人役員数、評議員数、職員数を教えてください。
理事（　　　）人　監事（　　　）人　評議員（　　　　）人
職員（　　　）人　*うち 常勤（　　　）人　非常勤（　　　）人

問5　行政から毎年提出指示がある「現況報告書」や「法人チェックリスト」についてどのようにとらえておられるか。お聞かせください。

問6　行政からの監査について　直近の監査はいつでしたか。
西暦　（　　　　）年　　月

問7　前問でお答えになった監査で指摘されたことについて、差し支えなければ、どんなことであったのか教えてください。（概要を簡単に）

問8　現在の社会福祉法人会計基準について、ご意見をお聞かせください。

問9　あなたの法人の現在の課題はどんなことでしょうか。

問10　平成28年改正社会福祉法において、社会福祉法人の公益性・非営利性を踏まえ、法人の本旨から導かれる本来の役割を明確化するため、「地域における公益的な取組」の実施に関する責務規定が創設されましたが、あなたの法人が取り組まれている（取り組もうとされている）いわゆる「地域貢献事業」について教えてください。

問 11　兵庫県では、「ほっとかへん」を合言葉に、市区町域で複数の社会福祉法人が連携することで、地域の生活・福祉課題の解決を図る取り組みを進めています。このことについてあなたの法人のお考えをお聞かせください。

問 12　社会福祉法人経営について、あなたの法人から行政へ要望したいこと（または要望していること）について教えてください。また、行政との望ましい関係性についてどのように考えておられるのか。ご意見をお聞かせください。

問 13　ズバリ。現在の社会福祉法人は自律しているとお考えですか。

①自律している。

理由：

②自律していない。

理由：

差し支えなければ法人名を教えてください。

社会福祉法人（　　　　　　　　　　　　　　　　）

以上で質問は終わりです。ご多用の中、ご協力いただきありがとうございました。

# 終章
# 社会福祉法人は自律できるのか

## 1　自律の退化はソーシャルワークの喪失につながる

この出版の趣旨は、社会福祉法人の自律の意義を各方面から論じていただくことであった。しかし、慈善事業の時代は、国や地方の官は傍観こそすれども、基本的には手出しをしなかった。しかし、近代に入り国が富国強兵策を採るようになると貧富の格差が顕著になり、貧民救済は慈善事業に任せるだけではすまなくなってきた。そのため国は渋々貧民救済に乗り出したが、その網の目は粗く多くの貧民は依然として慈善事業の手で救われることとなった。

戦後は、連合国軍総司令部（ＧＨＱ）の強力な指導もあり貧民救済は国家の責任として位置づけられ、この国家責任を慈善事業等に転嫁してはならないとした。この国家責任論が前面に押し出されたため、憲法第89条には「公金その他の公の財産は、宗教上の組織若しくは団体の使用、便益若しくは維持のため、又は公の支配に属しない慈善、教育若しくは博愛の事業に対し、これを支出し、又はその利用に供してはならない」と規定した。

この趣旨は、慈善事業にわずかな公金を支出し、それでもって貧民救済に関する公の責任を果たしたかのごとく振る舞うことを禁止した、といえる。一方、国民には憲法第25条で「すべて国民は、健康で文化的な最低限度の生活を営む権利を有する」とし、第２項で「国はすべての生活部面について、社会福祉、社会保障及び公衆衛生の向上及び増進に努めなければならない」と努力義務を課した。

その後、貧民救済や児童保護の大半を担っていた慈善事業は、昭和26（1951）年の社会福祉事業法の成立で社会福祉法人に衣替えさせられ、国の強い支配を受ける事業体として位置づけられた。国は、貧民救済、障害者支援、児童保護などを担う慈善事業体に、利用者の最低限の生活を保障する金額を算定し、それを措置費として支出することで、国に代わり、国の事業を代行する特殊法人としたのである。

この体制は長く続き、社会福祉法人は国の指示通り、措置費を残すことなく使い切ることに慣らされ、新たな支援方法の試みや専門的ソーシャルワークの駆使などが日常から霞んでしまうような状況さえ生まれてきた。

専門的ソーシャルワークは、その先駆けであるアメリカから輸入され日本の風土に適応するよう改良された技術論である。ケースワーク、グループワーク、コミュニティオーガニゼーション（後には、コミュニティワーク）論などである。

こうした援助技術論は、実際場面で活用され、また試行され、相手が抱える問題の多様性に適応させることでだんだんと進化していくものである。しかし、そうした機会や場面が少なくなればなるほど技術論は劣化するのではなかろうか。この基本的技術論が劣化するのと反対にコミュニケーション論、会議進行技術論、心理療法、音楽療法などが表に顔を出すようになり、対人援助の基本技術は退化してきているのではないかと危惧する。対人援助技術論の優れたところは、全人的援助であるということであり、ある側面からのみアプローチし、それを深める援助方法では間尺に合わなくなってきているのではなかろうか。

社会福祉の第一線を実際に担う社会福祉法人などが自律性を失うと、ソーシャルワークそのものの喪失につながるのではないかと危惧する。

## 2 自律とはどこからの自律を指すのか

各筆者が社会福祉法人の自律をそれぞれの立場から触れ、論じてきたが、さらにこれを整理すると2つの側面が出てくるのではないか。その一つの側面は、社会福祉法人設立者、いわゆる、社会福祉法人オーナーからの自律である。

## （1）社会福祉法人身内の自律

社会福祉法人の成り立ちについてはすでにふれてきたところであるが、社会福祉法人が公共性の極めて強い事業を進めていて、その裏打ちは、監督官庁の指導監査、社会福祉法人の経営の透明性の確保、適正なガバナンスの確立などが挙げられよう。しかし、社会福祉法人は、その成り立ちから構造的な弱点を持っていることである。

その一つは、社会福祉法人設立には、その設立者が社会福祉法人の基本財産にあたる土地、施設建設の4分の1の費用負担などを投資しているため、設立者の法人内の権限は非常に強いものとなる。多くの社会福祉法人設立者はその立場を自覚し、独善的な経営にならないよう細心の注意を払っておられるが、中には、逸脱した経営にそれていく設立者もいる。

### ①社会福祉法人夢工房事件から学ぶ

平成27（2015）年8月の姫路市による標記法人の定期監査、同年9月の特別監査等の結果、理事長実母の姫路保育園での架空勤務の疑惑、理事長義母の姫路保育園イーグレ分園での架空勤務さらに、同法人が運営する特養シスナブ御津における理事長実母宅での家政婦の賃金を夢工房の職員給与として支払っていた事実。さらに理事長の娘の家具家電購入代金を保育所の備品等に偽装して支出していたなどの事件であった。その後、第三者委員会を設け綿密な調査を行った結果、1億3984万9458円が理事長の個人消費に使われていたことが判明した、など全国に保育園事業を展開するオーナー理事長の専横的な経営の裏面であった。

この事例から見えることについて付言しておきたい。

その一つは、理事会の構成メンバーが理事長の「お友達」メンバーであったこと。この状況はほとんどの社会福祉法人に見られるものである。理事は評議員会において選任されるが、その候補者を選定するのは理事長である。この場合の理事長は社会福祉法人のオーナー（設立者一族）であり、その理事長が理事候補を選定するが、その場合の条件が次のようなものである。

ア．役員候補は親しい仲間

大半の理事候補は、社会福祉法人の理事長かオーナー一族の幹部役員である。そして常日頃諸会議で顔を合わせツーカーの仲間である。時には一緒に飲み会をやったり、月に何度かは会食する。また、かなり頻繁にゴルフなどを行う。そんな仲間内から理事候補として評議員会に推薦する。評議員会でこの候補者を「否」とすることができるはずもない。監事においても同様である。

イ．うるさい奴は候補に挙げない

会議でともかくよく発言し、理屈をこねまわす、たとえそれが正論であっても、こんなうるさい奴は理事候補として推薦しない。
ウ．金銭に細かい奴は推薦しない
金銭に細かく、細部にわたって理屈を言うような者は推薦しない。学識経験豊かな分野からの候補者も同じである。

これらの条件を慎重に考慮してオーナー理事長は自分の法人の役員候補を評議員会に推薦する。

では、評議員会はというと、一見客観的立場を保持しているように見えるが、評議員候補を「評議員選任・解任委員会」に推薦するのは、オーナー理事長が理事会に諮る要件は理事候補の場合と変わることはない。

かくして、社会福祉法人夢工房事件は、構造的に見れば、起こるべくして起きた事件であった。構造的弱点は、理事会・監事会が理事長一族の不正をまったく牽制できなかったことである。

夢工房調査報告書（平成28年10月17日／公表版）によると、63ページには、理事会の責任を指摘している。曰く、理事、理事会には代表権がある理事長の専横を食い止める責任が課せられており、法人の運営に関する規則の制定及び変更の議決について権限が与えられているにもかかわらず（中略）何等の抑止力を発揮できず理事長の提案を追認しているに過ぎない。

（中略）理事会は期待された抑止力を発揮することができず、そのまま提案を承認するに至っており、理事会の責任は免れない、と厳しく糾弾している。

また、監事についても、曰く、監事は、業務執行の状況を監査しなければならないところ、総括園長が自らの手元に関東5園の預金通帳があることを奇貨として、領収書の偽造を繰り返していたことを見過ごして、結果的に多額の着服を許したことになる。また、公用車両について、理事長の一族が独占的に使用していたことは目につきやすいし、保育園には直ちに必要のない家具、家電の類が大量に購入されていた点等についても気が付いてしかるべきであるのに、見逃した点については、職務の執行が不十分であったとの指摘は免れられない。こうした点からすると、監事としての役割も十分に果たしていないという他ない。

また、73ページの理事会の一新の項では、理事会は、理事長や統括園長らの暴走を止めることができなかったとはいえ、このことは重く受け止めるべきである。現理事は、理事の就任が長期化し、理事職としての権限の発動が、半ばルーチンワーク化していること、理事長の提案に無批判に乗ることがある一方で、理事から理事長の暴走を止めるような積極的な行動が見て取れるわけではないこと、理事監事の一部については、問題発覚後も事実を隠蔽ないしは歪曲化するなど理事長の不正に真摯な対応が見られなかったことなどからすれば、現理事、現監事をこのまま残して新たな再出発を図ることは、弊害はあっても利益はないものと思われる。したがって、当委員会としては、理事構成メンバー（理事、監事）を全て入れ替え一新することを提言するとしていた。

ところが、この提言を受けた監督官庁である兵庫県は、理事、監事を免罪とし、その監事の一人にあっては、兵庫県社協の要職について、県内の社会福祉法人の経営指導に当たっている、この現実をなんと見たらよいのか

②社会福祉法人の構造的弱点を克服するために

社会福祉法人については、その制度改革が行われた。厚生労働省は平成28（2016）年7月、全国担当者説明会を行った。その要旨は次に示すとおりであるが、机上の論理としては、いかにも社会福祉法人の改革に寄与しているかにみえるが、実態が変わる強い要素は乏しい。

その改革の一つは、経営組織のガバナンスの強化である。特に従来の評議員会の位置づけを「諮問機関」から法人の「最高議決機関」に変更したことである。しかし、評議員の選任は

先に見たように理事の業務執行状況をチェックし、あるいは、法人の運営方向の歪みを是正する力を発揮する主体性に乏しい。

社会福祉法人がいつの場合も適正にしかも厳正に運営されるためには、友達ネットワークで選任される理事・評議員・監事については、オーナー理事長の専制をチェックする機能が十分に発揮されることは難しいが、それぞれの立場で必ず発言しなければならない。しかもその発言は議事録に正確に記載されることを必須条件にすれば、会議の雰囲気は多少変化する可能性がある。友達ネットワークの弱点を克服する試みは前進の第一歩であると思われる。

その二つは、事業運営の透明性の向上を図ることである。措置費制度の時代は、事業運営の「透明性」は、監督官庁にだけ示していればよかった。サービス利用者や地域住民に透明性を担保する必要はまったくなかったといえる。筆者が指摘したいのは、監督官庁の行政措置はまったく透明性がないことである。例えば、ある行政体で特養を経営する社会福祉法人を募集し、選定する場合、その過程の透明性はありますか、と問いたい。あるとすれば、その行政体は全国でも稀であると断言できる。

社会福祉法人がその運営を透明性のあるものにするためには、まず一つは、年に2回程度の地域報告会を開くことである。この報告会は法人側が一方的に説明して終わり、というものでなく、地域住民側からも意見を徴することである。この意見の中に法人側が気付かない問題が秘められていることがある。法人側は地域住民の声を敏感にとらえるアンテナを張っておくことが大事である。

三つ目は、法人の財務規律の強化である。財務規律とは、役員報酬基準の作成と公表、役員等関係者への便宜供与の禁止等である。次には、社会福祉充実残額なる財政的位置付けを廃止することである。現在はこの残額を再投下財産額とし、この社会福祉充実残額を有する法人に対して社会福祉事業または公益事業の新規実施拡充に関わる計画を義務付け監督行政機関の承認を得る、というもの。社会福祉法人の残余財産は余すところなく吐き出させるという悪徳代官の手法である。

言われなくとも、法人側は地域に密着した事業を進めているので、それにかかわるニーズには敏感に反応している。また、反応しなければならない。こうしたことを法律で規定し、地域貢献事業の計画を監督官庁に提出し承認を貰うという手法は、法人側を見下げる横柄なものである。

四つ目は、地域における公益的な取り組みを実施する責務を社会福祉法人は負っているとする、行政側の一方的な決めつけを法人定款または規程に明文化しろというものである。上記三つ目とも深くかかわるが、このことこそ法人の自主的かつ自律的事項であり、監督官庁が旗振りをしたから実行するという性質のものでもないと考える。お節介もほどほどにと言いたい。

最後は、行政の社会福祉法人への関与の在り方である。この改革の5つの柱は当然の事項であるが、見方によればそれだけのことである。

第一のガバナンスの強化についてみても、評議員会が諮問機関から最高の議決機関に変わっても、理事長から見てどのような人物が選出されるかは十分に予見できることである。机上論理はここをまったく「見て見ぬふり」をしていることである。

第二の事業運営の透明性の確保である。最も透明性がないのが、監督官庁の各種委員会の審議及び協議内容である。例えば、ある市に特養の必要性が高まり、どの法人を選定するかの委員会審議の内容はまったく不透明である。こうした選定委員会に議会の議員が加わることは排除しなければならない。議員である委員の多くは、選定前に事業予定者からいか程かの袖の下を貰い、内々の口約束をしていることが仄聞されるからである。「そのようなことは絶対にない」と公言するなら、こうした委員会を公開性にするなり、選定基準を市民に明示して正々堂々と選定に当たればよい。事務当局者は、議員の威圧に屈して、その言いなりに動いているのが現状ではなかろうか。監督官庁側がことを秘密裏に進めておきながら、社会福祉法人側にのみ透明性を求める資格は皆無であるといえる。

第三の財務規律の強化である。筆者が理事長を務めていた社会福祉法人は、その財務監査を公認会計士事務所と契約を結び行っている。こうした対応をしている法人に監督官庁の監査官が上書きする必要はまったくない。公認会計士事務所の監査は、財務処理の適正化を監査するだけでなく、その法人の経営指針となる課題をも示唆してもらえるので法人にとってはまったく有効的である。

第四の地域における公益的事業への取り組みの問題である。社会福祉法人は、地域における公益的取り組みを実施する責務を負っている、と国は声高々に宣うが、そんな資格があるのか問いたい。特にコロナ禍で、在宅介護サービスを提供している事業体の多くは閉鎖ないしは倒産している現状に何一つ手を打てない国は、デイサービスなどの利用高齢者を置き去りにしている現状を痛感せよと言いたい。コロナ禍で苦境にあえいでいるのは飲食業者やホテル業界だけではない。在宅介護サービス業界の苦境は、要介護高齢者をも巻き込んだ最も深刻な問題である。こうした状況に自らは何一つできないくせに、社会福祉法人の「残余」財産には目を付け、自らの不出来の付けを払わそうとしている姿を何と見るか。

第五の行政の社会福祉法人の関与の在り方の問題である。これについては、他の項で詳細に触れたい。

③自律を見事に実践している社会福祉法人

社会福祉法人ささゆり会は、ＮＰＯ法人福祉サービス経営調査会の主催による人材確保のためのベトナム視察を行った。その翌年の平成27（２０１５）年経済連携協定（ＥＰＡ）によりベトナムのハノイにおいて介護職員採用のための面接試験を行い、平成28（２０１６）年の8月に2名の職員を採用した。それ以降毎年10名の職員を採用し、現在は43名のベトナム人介護職員が働いている。

この外国人介護士の招きにいち早く踏み切ったのが、社会福祉法人ささゆり会オーナーで理事長の笹山周作氏である。先のベトナム視察を主催したＮＰＯ法人を立ち上げる際の中心人物の一人でもあった。

その後、一国からだけの導入には不安も伴うことから数か国から人材を招く方針を立てた。ところが、その受け入れ・監理団体は社会福祉法人やＮＰＯ法人では駄目で、協同組合ならば受け入れ・監理団体としての認可が可能ということで、県内の社会福祉法人に加入を働きかけ8法人の参加を得て、くすのき介護福祉事業協同組合を立ち上げた。その結果、現在では35名の技能実習生を受け入れ、その後も数十名の受け入れを予定していたが、コロナの世界的蔓延やミャンマーの軍事クーデターなどで予定は大きく狂うこととなった。この間、協同組合の立ち上げや現地での説明会、面接など、一連の活動はどこからも援助を受けずまったく自力で進めてきた。この活動のサポーターとして国際的に活躍されてきた、国際公認会計士笹山勝則氏（故人）の支えも大きかった。自律的活動は苦労が伴うが、晴れ晴れと輝いている。

（駄言）兵庫県の井戸知事は、介護福祉施設の人材不足の深刻さを認識し、県として力を入れることを宣言し、その受け入れ・監理団体は社会福祉法人兵庫県社会福祉協議会に委ねることになったが、あれほど社会福祉法人やＮＰＯ法人では受け入れ・監理はできないと言っていた国は、この井戸知事の方向をあっさりと認めたのである。あほらしくて開いた口が塞がらない。序に言うと、兵庫県は、平成３（１９９１）年度予算で外国人受け入れのための予算を兵庫県社協分のみ挙げていることである。自ら借金を背負いながら、頑張っている、くすのき介護福祉事業協同組合などは見向きもしない。これが公正で公平な兵庫県政なのか甚だ疑問である。猛省を促す。

外国人の受入活動はこれだけに留まらない。先の笹山周作氏は、まったくボランタリーな形で研修生の能力アップに力を注いでいる。その一つがオリジナルな学習教科書の作成である。挿絵をふんだんに使い、日本語と外国語を対比させながら、介護福祉の理念も織り交ぜた懇切な学習書である。

次に、毎週土曜日の8時〜12時まで受験講座を開催し、介護福祉士国家試験に挑戦できる資質を身につけさせている。その結果、令和２（２０２０）年度介護福祉士国家試験では、社会福祉法人ささゆり会からのＥＰＡ受験生14名中13名が合格した。

外国人介護士には、受け入れた後、日本人介護福祉士に勝るとも劣らない資質を身につけさせる努力が求められるのかと、氏の飽くなき挑戦に見とれるばかりである。

### (2) 行政(監督官庁)からの自律

社会福祉法人が自律をしていくうえで最も厄介な問題が監督官庁(行政)との関係である。監督官庁(行政)は、社会福祉法人に自立性を持ってもらいたくないのが本質だからである。社会福祉法人に対していつもその上位に立ち、いろいろな課題を持ち出し、それを準則化し、または、通知化して法人を支配する構図は戦後まったく変わっていないのではないか。監督官庁の視線は、美辞麗句で暈かしているが、本質は「我に従え」の隷属化の構図である。

①監督官庁の指導監査の視座はどうあるべきか

昭和26(1951)年制定の社会福祉事業法で社会福祉法人が固定され、社会福祉法人が運営する社会福祉施設は国の強い支配下の下で必要最小限の経費(措置費)が支給され、その措置費を使い切ることで施設利用者の最低限の生活を保障する、という原理が長く続き、一部社会福祉施設では今日においても継続している制度である。

今日の社会福祉法人が経営する社会福祉施設は、サービス利用者と契約を結びサービスを提供するタイプと、措置費制度に乗っかってサービスを提供する2つのタイプがある。

しかも社会福祉法第2条では、社会福祉サービスを提供する業種を、第一種と第二種に分けて規定している。この区別を一口に説明することは難しい。

そこで、社会福祉法人を監理監督する行政側は、契約タイプの施設を経営する場合と措置費制度で運営するタイプに対する対応はまったく異なったものでなければならないと考える。措置費制度で運営する施設を持つ社会福祉法人は、行政の代替事業を担う業務を行うことであり、運営そのものの自律性を発揮することは難しい。そこで発揮される自律性は援助技術の分野である。以前、児童養護施設は社会福祉の専門性をまったく発揮していない、という調査結果が報告されてことがあったが、この場合の専門性とは援助技術の適切な駆使、活用を指していたと考えられる。児童養護施設利用の児童は複雑な成育歴を有する場合が多く、それら児童が健全に発達することを援助し、その持つ特性や能力を発揮できる育成環境をどう創り出すか、の専門性が問われたと思う。この専門性が単なる経験則や児童を一律的に捉えその個性を尊重できない指導などが見られたからではないかと思う。

次に契約によるサービスを提供するタイプである。介護保険で提供される介護サービスはこのタイプに属する。サービス提供者（社会福祉事業者）とサービスを必要とするものが、対等の立場で契約を結び、その合意のもとにサービスが提供される仕組みは、行政措置ではなく、民法上の双務契約である。サービス提供者は、契約に示したサービスを確実に提供する義務を負い、サービス受給者は契約の対価を契約通りに支払う義務を負う。監督官庁の監査は、双方の義務が確実に果たされているかどうかを調査し、義務が果たされていない場合はその是正を指導する、ということになる。この是正の指導は機械的な指摘に留まらず、なぜ契約義務が果たされなかったか、その原因をサービス提供者、サービス受給者とともに究明し、より適切な双務契約が保持できるよう援助することが「指導監査」ではなかろうか。監督官庁の監査官は監査を通して自らも学ぶ謙虚な姿勢が求められる。監査官は上から目線で監査対象を見ているようではますます時勢から遅れ、監査を受ける側は「面従腹背」で対応し、この分野はますます化石化していくことは間違いないと思うがどうか。

監督官庁は、上記2つのタイプの施設運営に沿った指導なり監査が必要である。特に、措置費制度で運営されている施設ではその利用者個々人に対して適切な専門的支援が行われているかどうかを観察する必要があろう。施設の支援員は、支援のプロである。一方監査員は事務のプロであるが支援のプロではない。この立場を見極めた指導監査が望まれる。

②法人を食い物にする行政ＯＢ（または、ＯＧ）

社会福祉法人は不祥事を起こすことがある。その内容が悪質な場合は、監督官庁が役員を解任するか一部入れ替えて再出発させるケースが一般的である。

その役員を入れ替える際に、監督官庁は身内のＯＢ（または、ＯＧ）を理事長ないしはそれに準じる役員として送り込む。問題は、この送り込まれたＯＢまたはＯＧは、その後決して辞めることはない。辞めたとしてもその後任には同じ行政官庁のＯＢまたはＯＧがその椅子を引き継ぐ。社会福祉法人経営者間では「役人に乗っ取られるな」が影の合言葉となっている。監督官庁も一定の立場を務めた役人を、退職後3～4年どこに勤めさせるかは首長の裏の責務である。この裏の責務が果たせない首長はＯＢ、ＯＧからの選挙支援はない。首長はこの面倒見の良さが長期政権を保持する秘密兵器の一つでもあることをよく弁えているからである。

筆者はある社会福祉法人Ｎ（定員50人の特養と１２０人定員の保育所を経営）のオーナー理事長Ｔ氏から、理事長を引き受けてほしいという要請を受けたことがあった。そのときは、九州の大学に在籍中で、とても神戸にある法人の理事長はできないとお断りをした。その際、適任者を筆者とＴ氏の二人で検討し、神戸市の元局長で、若かりし頃は福祉事務所のケースワーカーの経験もあるＨ氏に打診してみようということになり、筆者が交渉に当たった。待遇はT氏が月30万円くらいだったので、それを目安に検討していただきたいということで話はまとまった。理事会・評議員会の承認も得てそのH氏が理事長に就任した。

ところが、そのH氏は月額100万円の報酬を取るようになり、その社会福祉法人の財政状況は苦境に立たされることとなった。その状況を是正するよう筆者からも何度も忠告したが聞き入れられず、経営は自転車操業に陥った。そのときの監事の一人がやはり神戸市のOBであった。彼の論理は、神戸市西区の、ある特養の再建に携わっているM氏が年収800万円得ている。神戸市でH氏より下位であったM氏の報酬を下回る待遇はH氏に対して失礼である、というとんでもない論理を展開し、理事会もその論理に納得していた、というケースであった。その後、この法人は、まったくの民間人で、H氏の経営に終始批判的であったMK氏が再建し、理事長として安定した状況を保持している。

監督官庁は、時として社会福祉法人に対してとんでもない厄介を持ち込むことを肝に銘じておくべきである。

③行政ＯＢ（または、ＯＧ）は価値観が違う

社会福祉法人の自律とは何か、なぜ自律が求められるのかを、筆者なりの私見も交えて論じてきたが、人格を持った法人の自律が阻害される、あるいは、自律ができないということは、社会福祉界の民主化が進んでいないことを表している。この民主化が進まないことは、社会福祉の根本理念である住民主体、利用者主体、当事者主体の理念が空論になっていることでもあり、自律性の欠如は社会福祉の在り方の新たな発想を押さえつけ、実験的・試験的な試みの軽視そして退化へとつながっていくのである。

監督官庁である行政当局は、社会福祉法人を行政職員退職後の受け皿との位置付けをやめ、また、首長選挙運動の別動隊と位置付けるようなことがないよう行政当局に注意を喚起したい。

筆者が兵庫県社会福祉協議会の理事を務めていたころ、当時の兵庫県民生部の担当当局と兵庫県社協の事務局が、「ひょうごボランティアプラザ」の開設について協議を詰め、その人事まで内定していた。ところが、知事は兵庫県社協の会長に「ボランティアプラザ」は県が直営で運営しましょうか、と持ち掛けた。その持ちかけにいとも簡単に会長はＯＫと返事し、「ひょうごボランティアプラザ」は今もって実質的には県の直営である。民主的な協議の積み

重ねを首長の一言でひっくり返すやり方をどう見るかである。

一つは、その時の県社協の会長は県のＯＢ（特別職）であった。少し前までは知事の部下であった。首長の部下は、いつまでたっても首長の部下である。首長に抵抗はできない。この県社協会長は、社協の理事会で選任されたものではなく、知事から押し付けられ、理事会は承認させられたものであった。この例で見ると、社協の会長は首長に匹敵する人物か首長に忌憚なくものが言える民間人の大物でなければ太刀打ちできない。首長の直前までの部下では、自律性は吹っ飛ばされてしまう。

なぜ、それらの部下は首長に退職後も盲従するのか。この秘密のひとつは叙勲の申請権を首長（知事）が持っているからである。自分に反抗したものは絶対に叙勲の申請対象にはしない、という例も目にしてきた

社会福祉法人に天下ったＯＢ・ＯＧの在籍期間は3～4年である。この間、大過なくすごせばよいのであって、その社会福祉法人の将来を見据える視点は必要ないのである。そして彼らの視点は、社会福祉法や定款、諸規定通りの運営がなされているかどうかに置かれ、瑕疵が生まれることを最も恐れる。社協プロパーは、またこの面が弱い。そこに付け込まれ、いつの間にか支配されてしまっているという構図である。

兵庫県社協の例で社会福祉法人の自律問題を見てきたが、市町村段階における社会福祉法

人と監督官庁の関係でも類似の事例には事欠かない。

④委託契約の在り方を検証

社会福祉法人は、監督官庁である行政と事業の委託契約を結んでいる場合が多い。その委託契約に大きな問題がある。普通、委託する側（行政側）は委託先に一方的な委託条件を押し付け、それが当然であるかの如く思っている。受託する側（社会福祉法人）は、押し付けられる委託条件を黙って受けざるを得ないのが現状である。行政が民間に事業委託する場合、委託内容は行政側の価値観に基づく中身となる。受託する側は、意見があっても言うことができない、これが第一の問題。次に、委託される事業の運営費的な経費はゼロか僅少の額である。受託する社会福祉法人側は、渋々この委託事業を受託し、最小限の事業はこなす。この契約を片務契約という。受託する側にだけ、受託条件に沿って事業をやりきる義務を負わせ、うまくいけば委託した行政側の成果となり、うまくいかなければ受託した社会福祉法人側の責任が追及される。この一方的な契約が存続している背景には指定管理者制度がある。この指定管理者制度は、公的な施設などの運営をどれだけ安く請け負うかの事業者を選定して最も安い業者と2～3年の契約を結び事業委託をする制度である。社会福祉事業で見ると、この指定管理者制度でうまくいっている例は見ない。この片務契約は大企業と下請け中小企業の悪しき関係によく似ている。こうした契約方法は早く取りやめ、社会福祉法人がモチベーションを発揮できる民主的な契約に切り替えるべきである。

契約には双務契約がある。双務契約は、委託する側と受託する側の双方に事業成果を上げる義務が課せられる。そうなると、運営経費はゼロだというような一方的な考えは是正せざるを得なくなる。この双務契約が今後の行政と社会福祉法人間で結ばれる契約方法ではないかと考える。

今後は、事業委託する行政側と受託する社会福祉法人側がその事業成果をどう上げるかを協議しながら、言ってみれば共同で、進めていく時を迎えているのではないかと考える。

# 編集後記

本書の出版に当たり、そのタイトルを「社会福祉法人の自律　その意義を問う」とした。自立でなく自律、一見分かるようで分かりにくい、そんなテーマでそれぞれ執筆いただいた。執筆者に依頼していた骨子とかなり異なる内容のものを提出された方もいたが、一部修正を加え、そのまま掲載することにした。執筆者は、この出版の共通テーマである「社会福祉法人の自律」という趣旨をどのように捉えるかにかなり悩まれたのではないかと推測する。塚口編集者とこのテーマを掲げる際に論じ合ったことでもあったので、その悩みは理解できた。

営利法人であろうと非営利法人であろうと、何かに依存しながら自立していると考えている。本当は、自立できればその主体性は存分に発揮できるかもしれないが、自立するためには自律が前提として発揮できる条件を備えておかなければならない。自律というテーマは自立に至る前の必須条件ではないかと考えている。非営利の社会福祉法人が自主独立性の高い自立に至ることは将来にわたって難しいと考えるが、自律は保持しなければならないと強く思っている。社会福祉法人が自らの進路や新たなサービス開発、有能な人材の誘導や育成など、自らの意志と決断で決定し実行できる状況（自律）を失っては経営者も職員も働くモチベーションが萎み生きる骸のようになるのではないか。そうなると、提供するサービスの質も低下し、福祉事業そのものが空洞化していくのではないかと危惧するのである。少し大げさな表現になったが、換言すれば、社会福祉事業が生き生きと輝き、そこに働くものが生きがいをもってその仕事に打ち込める、そんな状況を創り出すためには、社会福祉法人が自律しておらねばならない、これがこの本の趣旨でありテーマ設定の狙いでもあった。

社会福祉の基礎構造改革が謳われ、社会福祉事業法が社会福祉法となり、社会福祉が新たな装いで再登場したかに見えたが、新たな装いだけでなく、中身もあらたな出発とするためには、措置費時代を通しての社会福祉事業の総括が必要だったのではないかと強く思う。この総括（どんな成果を上げてきたのか、どんな問題や課題を残したのか、新しく出発するためにはどんな教訓を生かさなければならなかったのか、など）が無いままに新たな出発をしたため、廃棄すべきであった残滓を一杯引きずって再出発した。行政（監督官庁）と社会福祉法人の新たな在り方も十分論じられたとは言いがたい。この付けが今日の両者の在り方を曖昧にしているともいえる。

各執筆者には苦労をお掛けしたが、あまり統一性が取れていない内容がまた面白いのではないかと自賛している。大方のご批判を期待して後記としたい。

編者　笹山周作

# 執筆者紹介

## 【編著者】

### 塚口伍喜夫（つかぐち　いきお）

昭和12年10月　兵庫県生まれ
昭和33年3月　中部社会事業短期大学卒
昭和33年4月　日本福祉大学編入学
昭和33年8月　同上中途退学
昭和33年9月　兵庫県社会福祉協議会入職
　その後、社会福祉部長、総務部長、事務局長、兵庫県共同募金会副会長を歴任
平成11年4月　九州保健福祉大学助教授・教授・同大学院教授
平成17年4月　流通科学大学教授・社会福祉学科長
平成25年10月　ＮＰＯ法人福祉サービス経営調査会理事長、その後顧問
平成26年10月　社会福祉法人ささゆり会理事長、顧問、現在に至る

### 笹山　周作（ささやま　しゅうさく）

昭和27年1月　兵庫県生まれ
昭和49年3月　龍谷大学卒
　司法書士資格取得

平成７年12月　社会福祉法人ささゆり会を設立
平成８年10月　特養サンライフ御立施設長、現在は法人理事長
平成29年５月　ＮＰＯ法人福祉サービス経営調査会理事長・現在に至る
平成30年６月　くすのき介護福祉事業協同組合設立、現在に至る

【執筆者】

野嶋　納美（のじま　なつみ）
昭和13年６月　鳥取県生まれ
昭和36年３月　国立埼玉大学経済短期大学部卒業
昭和39年４月　兵庫県職員
　民生部北但福祉事務所長、障害福祉課長
　兵庫県社会福祉事業団常務理事等を歴任
平成11年４月　日本赤十字社兵庫県支部血液センター事務部長
平成15年４月　社会福祉法人のじぎく福祉会事務局長
平成25年10月　ＮＰＯ法人福祉サービス経営調査会事務局長・常務理事、副理事長
平成28年６月　社会福祉法人ささゆり会理事、現在に至る

本井　啓治（もとい　けいじ）
昭和26年１月　奈良県生まれ
昭和50年３月　大阪学院大学大学院商学研究科修士課程修了

昭和50年4月　監査法人青木倫太郎事務所入職
平成6年4月　株式会社エム・エム・シー代表取締役、現在に至る
平成23年1月　監査法人彌榮会計社代表社員、現在に至る
平成25年4月　日本公認会計士協会近畿会　社会福祉法人委員会委員長
令和元年10月　一般財団法人総合福祉研究会理事長、現在に至る

田淵　誉美（たぶち　たかみ）
昭和15年8月　岡山県生まれ
昭和40年3月　桃山学院大学経済学部卒
昭和40年4月　株式会社三星堂入社
その後、同社取締役企画部長・監査室長を歴任
平成12年8月　医療法人社団順心会に入職
同法人理事、総務（人事）を担当後退任

西川　全彦（にしかわ　まさひこ）
昭和20年2月　兵庫県生まれ
昭和44年3月　関西学院大学商学部卒業
昭和49年4月　財団法人白鳥保育園入職、その後、白鳥南保育園施設長
平成18年　社会福祉法人白鳥会理事長、現在に至る。
昭和59年～平成12年　社団法人姫路保育協会会長
この間、姫路市社会福祉審議会委員、姫路市社会福祉協議会理事

昭和63年～平成8年　社団法人兵庫県保育協会会長
　この間、兵庫県社会福祉審議会委員、兵庫県社会福祉協議会理事

## 笹山　博司（ささやま　ひろし）

昭和58年9月　兵庫県生まれ
平成19年3月　京都産業大学工学部卒
平成21年3月　京都府立医科大学大学院修士課程修了
平成25年3月　同上大学院医学研究科博士課程終了・医学博士
平成25年4月　社会福祉法人ささゆり会入職
平成29年4月　社会福祉法人ささゆり会副理事長・法人本部本部長

## 山本　正幸（やまもと　まさゆき）

昭和30年11月　兵庫県生まれ
昭和53年3月　佛教大学文学部卒業
昭和54年10月　兵庫県宍粟郡一宮町社協入局　同時に福祉活動専門員
平成11年4月　同町社協事務局長
平成15年10月　周辺4町（山崎町・一宮町・波賀町・千種町）社協合併協議会設立と同時に同協議会事務局長
平成17年7月　周辺4町社協が合併し宍粟市社協誕生　同時に同市社協事務局長
平成21年8月　台風9号による兵庫県西北部豪雨災害で佐用町と共に被災し、宍粟市社協災害ボランティアセンターを設置運営
平成23年6月　全社協地域福祉推進委員会　東日本大震災被災社協復興支援委員会委員

平成25年３月　全社協　大規模災害対策基本方針検討委員会委員
平成28年３月　社会福祉法人宍粟市社会福祉協議会　定年退職
　　　４月　ＮＰＯ法人しさわ　就労継続支援Ｂ型「ワークプラザすぎの木」施設長（２０２１年3月まで）
　　　６月　社会福祉法人兵庫県共同募金会　評議員兼広報部会委員
平成28年９月　佛教大学社会福祉学部非常勤講師（２０２０年3月まで）

# 社会福祉法人の自律 その意義を問う

2021年9月15日　初版第1刷発行

■編 著 者――塚口伍喜夫・笹山周作
■発 行 者――佐藤　守
■発 行 所――株式会社大学教育出版
〒700-0953　岡山市南区西市855-4
電話(086)244-1268㈹　FAX(086)246-0294
■印刷製本――モリモト印刷㈱
■Ｄ Ｔ Ｐ――林　雅子



ISBN978-4-86692-149-5